高齡父母溝通術

80個讓長輩主動改變的有效句型，
學會不動怒、不吵架、不抓狂，和爸媽好好說話

萩原礼紀 著
陳嫺若 譯

你有沒有遇過
這種狀況？

你：「怎麼還沒有整理？」

母：「我整理了呀。」

你：「哪裡整理了？」

母：「你真囉嗦！待在家裡也不得安寧。」

你：「我不管你了！」

序言　不知如何與父母溝通，是大家的煩惱

親子，是世界上最緊密且深厚的「人際關係」之一。正因為如此，許多人會為了如何與父母溝通而煩心、苦惱。翻開這本書的你，也正在為此煩惱吧？

有句話想告訴正在煩惱的你，那就是**「每天都辛苦了！」的心情和「煩心苦惱的並不是只有你」這個事實**。

我從事到府看護和日照復健工作已有十二年，主要工作地區在東京都的板橋區和練馬區。在此之前則在大學附屬醫院的復健科工作約十三年，負責住院病患與門診病患的復健治療。

在接觸多達數萬名的病患和醫院使用者中，除了復健的病人外，我也與其他家屬進行過各種諮商。主題絕大多數都是「**母親（父親）不聽我勸**」。我的母親今年也快九十歲了，所以家屬的心情，我大都能感同身受。

關心父母的身體，希望他們多運動，但是只要一提出「要不要出去散步一下」，反而會被叨念：「待在家裡也不得閒。」甚至有的長輩還會沒頭沒腦的對鄰居說些「我被孩子趕出家門」之類的話。

有時，為了預防因為生活習慣不佳而罹患的疾病，追問父母的血壓或體重，卻被怒斥：「連我吃東西你都要管嗎？」**兒女只是擔心長輩，並沒有任何惡意，卻被扭曲解釋。「他們就是不願意坦然接受」**的聲音時有耳聞。我相信很多人都有類似的經驗吧。

提出為他們好的建議，長輩卻不屑一顧，你可能會不自覺的脫口而出：「既然這樣，你愛怎麼做就怎麼做吧！」

但是，你不可能真的放著不管，畢竟是血脈相連的「親子」。

本書的主旨便是希望在你煩惱與長輩如何溝通時，多少能給予一些幫助。

其實「與父母的對話」最困難而深奧

當孩子呱呱墜地，照顧孩子就是父母的責任。手把手將孩子扶養成人，父母自己卻慢慢衰老，這時角色對調，換成孩子照顧父母。

但是，大家都是成人，有自己的思想和主見，所以很容易就會發生意見衝突。只要溝通上稍有差距，或是小誤會，不少家庭就會衍生成大摩擦。

有些人覺得「都是一家人，說話不用顧忌什麼」，於是就不假思索的「直話直說」。**這是親子溝通中的一大陷阱**。

正因為親子是緊密而深厚的人際關係，所以學好讓彼此心情都愉快的溝通術才更顯重要。

其實，我自己也經歷過親子關係僵化的「嚴重挫折」經驗。我想稍微談談當時所發生的事。

當我還在大學附屬醫院就職時，一直以「復健專家」自居，這是因為我擁有兩個「專業物理治療師」（類似專科醫生）的資格，而且在物理治療師的國家資格中，都是最高等級。另外，我也在日本物理治療師協會擔任常務理事，參與多個日本物理治療學會，自覺在同業處於領先地位。我還曾參與編寫新手物理治療師學習的教科書就是最好的證明。

因為這些種種條件，我自詡是「物理治療的專家」，現在回想起來，也不能算是有問題。但是這個「自我認知」卻在我家的親子關係中成了悲劇的導火線。

有一天，母親抱怨「腰痛」、「大腿後側有痲痲的感覺」。當然，這是我的專業領域，我立刻回道：「包在我身上」，工作一結束就回到老家為母親診療。

能在自己的專業領域盡孝道，所以我沒有半點不悅，全心全意都想為媽媽好。甚至**因為自己能出一份力而心中暗喜**。

我一面幫母親診療，一面問：「哪裡痛？怎麼痛法？」、「什麼狀態下疼痛會加劇？」、「什麼時候疼痛會緩和？」尋找疼痛的原因。為了適當的處置，我動用了至今學過的所有知識，全力以赴想解決問題。

最後很順利的在當下便減緩了疼痛，稱得上是大展身手。而母親的疼痛，主要原因出在「生活中的動作」。

我以專家的角度，從運動學、解剖學、生理學向母親解釋疼痛的原因，指出她「必須改善的動作」，說明復健的方法。而且，不厭其煩的提醒，如果不照我的建議做的話：

- 多久時間後疼痛會再復發。
- 疼痛復發時，可能會更加惡化。
- 復發之後，很可能無法像這次那麼快就減輕疼痛等等。

另外，我也說明復健的方法。在做伸展運動或肌肉鍛練時，最好朝哪個方向，可以施加多大程度的負荷，需要做多少時間和次數。復健時要注意哪些事項，有可能出現哪些副作用？以及必須避免的動作和可以做的動作。持續做多久會恢復過去的狀態。最後再附上參考文獻出處，大有「我說明得如此詳盡，你還有什麼想問的嗎？」的味道。

我對自己的診斷結果十分滿意，也相信問題已經解決。直到現在還記得，那一天我帶著如何愉快的心情踏上歸途。

幾天後，我為了別的事聯絡母親時，順便問道：「那天看完之後，腰的狀況如何？」

沒想到母親說：「完全沒好轉，不只哦，好像更痛了。」我大吃一驚。「不可能吧。而且怎麼會更痛呢……」

我這麼驚訝是有原因的。因為問診的時候，母親的疼痛確實減輕，證實我的方法有效。於是我忙不迭的追問。

我：「你有按照我說的方法復健嗎？」

母：「當然有啊。」

我：「那現在是什麼樣的痛呢？」

母：「跟以前一樣的痛啊。」

我：「那就奇怪了。你該不會沒有按時做復健吧？」

母：「有。我都照你說的做了。」

母子倆就這麼相持不下的爭論。後來經我仔細詢問，才知道母親做的是她自己發明的「媽媽自創復健法」，難怪成效不佳。**我那麼懇切仔細、份量十足的復健指導，根本是白忙一場。**

那時，我腦中想到的是，「為什麼身為復健專家的我，那麼詳盡認真的指導，母親卻硬是不照我的話去做呢？」正因為我全心全意為她著想，所以才會感覺母親沒把我的心情放在心上。但是，我面對的是我的母親，再怎麼樣也不能不管不問。

我：「媽，你還是一直在痛吧？也想早點治好吧？」

母：「那是當然嘍。」

我：「既然這樣，何不照我教你的方法做做看？」

母：「我不是說了嗎？我有做呀！」

我：「我說的不是你的自創復健，而是我教你的方法。」

母：「你教的方法，我做不來啦。」

我：「你真是固執耶。」

母：「你才是難搞咧！」

我：「是嗎？既然這樣，你愛怎麼樣就隨便你好了！」

一言不合的爭吵。結果五天後母親住院了，真是糟糕透頂。明明以復健專家自居，卻改善不了母親的症狀。**甚至正常的與母親溝通，我都做不到。**

這個事實擺在眼前時，我沮喪到了極點。因為，過去診治病人的時候，從來沒有像這樣溝通不良的經驗。

我曾經診治的病患，都會把我的話聽進去，即使解說的內容有難度，也會再三詢問，直到聽懂為止。而解說的內容還不及向母親說明的一半，很多人出院時也都有明顯的改善。

我與母親之間，到底哪裡出了問題呢？

希望長輩節制飲酒。如果是自己，會怎麼告訴他們？

前面就是我與母親之間真實發生的「親子意見相左的故事」。讀過之後，你有什麼感覺呢？我相信應該有人覺得「我家也有相似的狀況，正頭痛呢」。

這本書便是我在與深愛的母親發生齟齬後，重新審視「溝通方式」的過程裡，以個案研究的形式，整理出我所體會、發現的「加深親子感情的溝通方式」。

不經大腦思索的表達方式標示為「×」，希望大家嘗試的表達方式標示為「○」，來做個比較。

「我擔心父母，但是一見面總是吵架。」
「跟爸媽說話，就會累積壓力，真想改變這個狀態。」

有這類煩惱的人，讀完本書，也許會給你一些啟示。

這裡我想舉個研究的個案為例，請各位務必一起思考。

舉例來說，你的父親是個嗜酒如命的人，每天晚上都要來一杯。然而每個人抒解壓力的方法不同，也不能一味的禁止。

但是，如果體檢時接到「進一步檢查」的通知，心裡總是會擔心吧。身為兒女，當然盡可能希望父親「少喝點酒」。

這種時候，你會怎麼告訴他「少喝一點酒」呢？

我認為溝通沒有「獨一無二的正確答案」。親子之間的關係，不但每個家庭「天差地別」，而且適切的提醒也視親子的關係而定。話雖如此，如果要提出「一個答案」，不妨可以考慮這麼說。

「我還在讀小學的時候，每年都會去家庭旅行。真令人懷念啊。爸爸也快退休了，我們又可以一起去旅行了。」

乍一看，喝酒和旅行好像完全扯不上關係。但是當子女這麼說時，作父親的心裡會產生以下的情緒。

「以前一家人一起旅行，真是件快樂的事呢。孩子們都長大成人了，我也快退休了，又可以製造新回憶。所以，身體必須維持健康才行。我還是少喝一點酒好了。」

前述的開場白，夾帶著積極正向的情緒，達到促成父親不再貪杯的行為。換句話說，**這句話是一種喚起「自發動機」的提醒**，讓父親主動的想要戒酒。

對父親說：「不要再喝了！」他肯定也是會回嘴：「煩死了，別管我啦！」乖乖順從兒女指示的父母並不多。這時候，我們要思考的應該是「如何能讓父親抱著正向的心情減少酒量」。從這個角度出發，尋求解決問題之道。

親子之間的溝通，不是單純把想說的話說出來就行了。思考「如何讓對方抱著積極的心情好好解決問題」才是重點。

什麼樣的話，會成為爭吵的導火線？

換成什麼樣的說法，才能改善親子關係呢？

怎麼樣的表達方式，才能守護父母呢？

盼望藉由閱讀本書，能引導各位對這個疑問提出「屬於自己的解答」。本書的點子，**是數百種表達方式中的「一種答案」，並非絕對的答案**。希望你能抱著愉快的心情，一邊閱讀，一邊發現「如果是我，會想這麼表達」、「原來可以這麼說」。

如果本書能為你與長輩之間加深親情盡一份綿薄之力，身為作者將不勝喜悅。

萩原礼紀

以下列出八個子女與高齡父母溝通的基本原則。了解這些原則，也許更能想出新的表達方式。

與高齡父母溝通的八個原則

1 傳遞「對方訊息」而不是「自我訊息」。

2 成為〈北風與太陽〉中的太陽吧。

3 撤離「自我VS自我」的戰線。

4 重視「非語言互動」。

5 思考時不要混淆「事實」與「想像」。

6 當個「守護者」不要感情用事。

7 深呼吸一次，把父母的話「語言化」。

8 不論多老也不要忘記我們是「親子」。

這八個原則如果在適當的時機點理解，會更具效果。因此，我會在各章的結尾逐條解說，類似重點複習。希望各位能沉浸其中，細細體會。

CONTENTS

第 1 章

日常中不經意的「傳達失誤」

說到對話，就是**連續不經心的話語**。若是親子的對話那更不用說了，彼此當然是直言不諱的想說什麼就說什麼吧？

但是，其實，這種「不經心的對話」，潛藏著一不小心就會刺傷父母的話語。舉例來說，「你～一點嘛」這句話。我想大家都說過，但是這句話能把任何內容變成「命令」。子女對父母說「你快一點嘛」、「你認真一點嘛」的話，他們會開心的回應嗎？

即便沒有惡意，但是父母感覺受傷的話，就會是很傷感、很遺憾的事。

有什麼想說的話儘管說，沒必要忍耐，但**只是簡單的換個說法**，「冷言冷語」的親子關係，就能**轉變為「關係融洽」的親子關係**。不管父母是住在附近，還是久久才見一面都能用得上，所以，現在就開始第一堂課，一起來學學看吧。

你快一點嘛。
回到家我還有事要做呢！
焦慮
不悅
我已經盡量快了呀。
怒怒怒
以前你不是一下子就買好了嗎？

表達方法 1

○	×
抱歉！是不是菜的味道太淡了？	你不能吃快一點嗎？

大費周章的親自下廚為父母做菜，但他們卻吃得很慢。你可能在心裡打了個大大的問號「怎麼搞的？」但是，「你不能吃快一點嗎？」絕不是長輩想聽到的話。因為這句話裡隱含著「動作太慢，吃快一點」的命令訊息。這會引發對方「必須保護自己」的自我保護反應，而導致反駁。

如果想解決問題的話，請試探性的問問「吃得慢的原因」。例如，「抱歉！是不是菜的味道太淡了？」這種問法，可以把不想吃歸咎於「調味」，引導父母說出真正的想法。

吃得慢的原因有很多種。例如，手指、手臂、手腕、肩膀、脖子等處疼痛或不適，吃飯的速度就會變差。其他也可能像是「食材滑溜不好夾」、假牙不好咬、下巴或舌頭無力咬不斷等等。還有說不定他一開始就不餓。總之請先試探性詢問，踏出「探索原因的一步」，應該就能找到解決問題的線索。

表達方法 2

×

你走快一點好不好？

○

咦，你走路很快耶。
沒關係嗎？腳會不會痛？

與長輩外出時會不經意說出「你走快一點好不好？」父母聽到這句話會有什麼心情呢？恐怕絕對不是「好哦，樂意之至」吧。**應該想想「爸媽為什麼不能與子女用同樣的步伐走路」**。也許他累了所以走不快。也許因為老化，走路的速度比以前慢很多。

不論如何，像×那樣**傳達「自己角度的訊息」，也不會讓狀況好轉**。相反的，○的傳達方式是在確認長輩的狀態。是一種「對方角度的訊息」：「如果狀況不好，我會幫你！」這時，如果父母回答「很痛，很吃力，不舒服」，你就可以提議：「那休息一下吧。」**父母也會把照顧自己的兒女視為值得信賴的對象**。

如果父母陷入思考，或是做出心不在焉的反應時，請默默的跟隨在旁就好。說不定他正回憶起你小時候一起散步的往事。伴隨在側，不要心急，是讓年長父母安心的動作。

表達方式3

○

放心！不論多久，我們都會等你的。

×

快點準備啦，大家都在等著呢！

「快點準備啦，大家都在等著呢！」是外出前很容易脫口而出的話，但是這種表達不太討人喜歡。雖然長輩多少加快了速度，但是同時，「焦慮」和「緊張」的情緒也會增加。因而容易發生「跌倒」和「遺漏」等問題，反而因此讓事態變得更麻煩。

○的傳達方式是「放心，不論多久，我們都會等你的」。這句話準確傳達了「現在你眼前的人在等你」的事實，同時也體貼的包容長者，是一則「積極性的表達」。

聽到這句話，父母先是服下了定心丸，心情也會轉變為「孩子們願意等我雖然好，但是實在不好意思」。自然而然的產生「讓別人等不太好」的心理。於是變化成自發性「加快動作」的心情。由於是當事人自己「想加快速度」，不會產生「焦慮」和「不安」的情緒，動作也會變得平順流暢。所以請多留意不要給予「指示或命令」，而是提出能讓「長輩主動想這麼做」（＝自發性的行為變化）的建議。

表達方式4

○

上次和爸爸一起去森林公園是幾年前的事啊？

✕

爸爸你年紀也大了，別太逞強。

「年紀也大了」的下一句，接的是「別太逞強」，所以兒女是擔心高齡的父母，想傳達「別做不合時宜的事」的訊息吧。

但是父母聽到這句話，會有什麼心情呢？可能很多人會想「我還沒老呢」、「別把我當成沒用的老人」。這不經意的一句話，就像對體態豐滿的人說：「你是個胖子」一樣。雖然這句話沒有錯，但是對方應該會產生「那又怎樣？」的感覺，甚至有「被侮辱」的感受。

不希望長輩勉強自己、逞強，不如嘗試問他一些「讓他感到歲月流逝的問題」。「上次和爸爸一起去森林公園是幾年前的事啊？」是個追溯過往回憶的提示。**父母心中自然會湧出「自己真的也老了啊」的感慨**，也領悟到「今非昔比」。此時再表達希望他不要勉強自己，對方接受的可能性也會提高。這個個案最大的重點是「提示讓父母主動改變行為的話」。

表達方式5

✕

你在說什麼呀？
你那個時代已經過去了。

○

從前確實是這樣的呢。

「你在說什麼呀?你那個時代已經過去了。」通常是兒女用來箝制父母言論出現「時代錯誤」時的一句話。「常識」會隨著時代變化，所以父母的常識經常被打入「現代謬論」的領域。可能兒女在說這話之前，父母才剛用「我那個時代是這樣」給孩子建議吧。話雖如此，長輩認為對你好才這麼說，一竿子打翻一船人，他們一定會覺得鬱悶。

這種時候，**建議你順著他的話說「以前確實是這樣呢」**。因為這句中性的回應，**沒有任何「肯定」或「否定」的情緒，不會讓對方感到不悅**。

面對父母的意見，不必每次都要立刻表達「自己的看法」。職場主管給你建議的時候，你應該多半也是順著他的話接受下來吧。就是類似這樣的態度。我想父母一定也理解時代已經不同。只是想憑藉「過去的成功經驗」發表一下看法。如果你能學會「應和式的回話」技巧，一定能把親子間的爭執降到最低。

表達方式6

○

謝謝，不過如果你能這樣做的話，那就幫了大忙。

×

不要多管閒事啦！

洗好的衣服還沒乾就收進來。為了晚飯加一道菜，竟把留作便當用的食材用完。這種事經常發生吧。這種時候，可能忍不住脫口而出：「不要多管閒事啦！」然而這句話一出口，母親會覺得「好心沒好報」吧。如果珍惜父母，最好避免帶刺的話。

這種時候，**不妨從「表達感謝」開始說起。也就是用「謝謝」當作緩衝，順便表達自己的期望**。聽到你的感謝，父母會覺得自己「對孩子有幫助」，而感到開心。這麼一來，即使接下來的話，是「要求改善」，他們也比較容易接受。就結果而言，對兒女來說，這種「善意的麻煩」行為也會因為沒有抗拒而減少。

即使父母的幫助一開始只會徒增麻煩，但**也請抱著「他們這麼做都是為了我」的感謝之心，先給予接受善意的回應**。這是表達期望的祕訣。

表達方式 7

○

別擔心！媽媽，我最愛你。

×

不要動不動就哭嘛！

「不要動不動就哭嘛！」年紀大了之後，本來就容易落淚，但這裡特別是指親子之間意見相左，把父母逼哭的場面。兒女可能會覺得「只是單純的交換意見，你哭什麼？」但是就算是健朗超級正向的長輩，一旦情緒激動，還是會在女兒、兒子面前落淚。

這種時候，**先用「別擔心！」穩定軍心**。父母的心中一定會浮現疑問：「怎麼可能不擔心呢？」**問號「？」的出現是一大重點。因為當「？」浮現時，會驅散「孩子不懂我的想法」與「孩子否定我」的思緒**。然後**利用注意力分散的瞬間，認真的傳達「我最愛你」的訊息**。父母感受到「孩子沒有否定我，他們是接受我的」，就會放心下來。

與父母對話時，第一要務便是不要發展成吵架或爭論，但是有時候無法控制。尤其是當「我好像說得太過火了」或是「該不會傷了他的心吧」的時候，**請表達愛的話語，溫柔化解緊繃的氣氛**。

表達方式 8

×

所以你到底想說什麼？
想怎麼做是我的自由吧！

○

謝謝你的建議！你是覺得危險吧？
這樣說沒錯吧？

有句話說「老人愛叨念」，說了也沒用的話，老人卻會一再念個不停。朋友的母親一再叮嚀她：「去海邊很危險，千萬別去。」讓她十分煩惱沒有地方渡假。那位伯母似乎是從電視新聞看到「河流海邊的水難事故」，十分恐懼，所以才說：「每年海邊水岸很多人溺斃，你可能會受到事故波及，還是取消行程吧。」

這種時候子女經常會不假思索的說：「這是我的自由。」但是這麼一來，又會開始爭論。我的建議是表達承認的訊息：「你說的話，我都聽見了。」請注視著他的眼睛說：「謝謝，」接著確認父母的意思：「你是覺得危險吧？」這時長輩會體會到：「孩子有感受到我對他和家人的擔憂。」經由這個過程，他也做好接納你主張的準備。接下來你再表達：「放心吧，我會做好防範的。」透過這個流程，可以讓父母更容易理解你的想法。

表達方式 9

○

對不起，你很難開口吧？
不過，如果爸爸能告訴我真正的想法，
會很有幫助的。

×

你想怎麼樣？直說吧。

「你想怎麼樣？直說吧。」大概是父母吞吞吐吐、猶豫不決時，你會說的話。這句話完全是**自我視角的訊息**，意味著「快說啊」或是「給點反應吧」。

即使你的聲調平穩，緩慢客氣的傳達，但還是會反應出話語本身的意思。就算是因為不懂父母的用意而感到困惑，但是只要你依照自己的步調推進談話，氣氛就會變得更僵。「直說吧」有「**你要YES還是NO，選一邊吧**」的意思，可想而知，**氣氛自然愈來愈僵**。

若不想發展到這一步，請自己先讓步，試著理解父母的感受說：「對不起，你很難開口吧？」然後**從協助者角度轉變為「受幫助者」**說：『如果爸爸能告訴我真正的想法，會很有幫助的。』這麼一來，長者的意識也會切換成「孩子有了困難，我必須出手幫忙」。最後應該會冷靜且盡全力把自己的想法傳達給你。這是希望靜下心來對話時可以用的說話方式。

表達方式 10

×

為什麼無論我怎麼說，你就是不接受？

○

無論如何你都不接受啊？
如果能告訴我原因，我會很高興。

「為什麼無論我怎麼說，你就是不接受？」是在解釋了很多遍，但長輩依然不理解自己想法的時候會想說的話。這種時候的重點在於**讓自己成為「守護者」**——關懷父母的角色。（＊參考一七三頁）

請**後退一步遠觀父母的心情、想法、思考邏輯**，再想想「怎麼做才能讓他們理解自己的想法呢」。

某天傍晚，我看見一位大腹便便的孕婦，兩手抱著物品，帶著兩歲孩子在街上走。孩子吵著要媽媽抱，但是任何人都看得出她根本挪不開手。於是孕婦把物品放在地上，蹲下來緊緊的抱住男孩。過一會兒，男孩平靜下來，母子開開心心的回家去。

孕婦向男孩傳遞了當下所能表達的滿滿母愛，男孩也接受到母親十足的關心。這是因為孕婦評估狀況後，理解到男孩的心思。

並不是不能理解，而是不想退讓。其實，高齡的父母也有這種心態。只要把它理解為**「情感更勝於理智」**，就能說出包容父母的話。

1

傳遞「對方訊息」而不是「自我訊息」

再怎麼為父母著想，但是只要話語中包含了「希望你這麼做」、「你去……」等的「要求、指示、命令、請求」，都是「自我訊息」。也可以說是一種以滿足自我為目的的自我中心表現。雖然它未必是破壞親子關係的主因，但是應盡量避免。

相反的，想像「對方的心情、心理狀態」等，配合對方的心態所使用的話，叫做「對方訊息」。「對方訊息」是依據「接受這句話的人抱著什麼感受」所做的發言，因此對方會自發性的思考如何「改變困擾的現狀」。

與父母溝通時，請盡量避免直接指示或要求的「自我訊息」，並且把心思用在「對方訊息」上。「對方訊息」增加的話，就能與父母建立更融洽的關係。

✕ 自我中心的「自我訊息」範例

→「你老是把還沒乾的衣物收進來，拜託別再幫倒忙了！」

由於內容包含了「指示、要求、命令」，對方會把心緊緊封閉起來。

○ 貼近對方的心態，促進自發性行為改變的「對方訊息」範例

→「謝謝你每次都幫我把衣服收進來，分擔了我的工作。但是，我也想請你一起幫忙其他的家務。所以下次我自己收就好了。對了！如果你能幫忙做菜的話，真的會幫上大忙呢！」

由於是貼近對方的善意話語，對方會愉悅的接受提議。

第 2 章

擔心為時已晚的「傳達失誤」

明天是今天的延長，後天和大後天也是同理，日子就這麼一天天的過。還是青壯年的你，是不是從未想過有一天這個生活將迎向終點呢？

但是，很遺憾，年紀越大，越容易遇到突如其來的變化。不只是交通意外、摔落、跌倒等意外的狀況，有時老人清晨沒有起床，查看之下竟然因腦中風發作而無法說話，因胃痛就醫，結果卻是胰臟癌末期。**我不知看過多少個個案，子女後悔的說，遇到這種事才知道平常應該多和爸媽說說話**。

那一天總是在我們意料之外突然到來。那麼，我們該如何準備才好呢？

其實，除了做好準備，理解「終點總有一天會來」之外，別無他法。正因為大家都忌諱「不吉利」而躊躇的話題，才應該抱著誠意去正視它。本章中，將介紹幫助你避開禁忌的說話方式。

明天來玩投接球吧。
我可不會輸給你哦！
下次一起去看棒球賽吧！
太棒了！
爸爸還老當益壯呢。
砰—咚
!?
爸爸
爺爺！

表達方式 11

×

這棟房子也舊了，又不方便。要不要搬到更漂亮的新家？

○

這個家充滿了大家一起生活的回憶，所以想跟你先商量今後的事。

「這棟房子也舊了，又不方便。要不要搬到更漂亮的新家？」是子女為了高齡父母著想，而與他們討論是否要搬到自家附近、或是把老屋改建成二代同居房、合住時會說的話。從現實中百年老屋稀少來看，「充滿親子回憶的家」自然也會逐漸消失於無形吧。

這次的事例中，子女沒有意識到「HOUSE」與「HOME」的不同，一味的把「自己的主張」強加給長輩，因而出現了大問題。

「HOUSE」是家所在的房屋，但是「HOME」卻有「家人回憶的空間」的意涵。如果像×那樣，把父母珍視的家視為「HOUSE」，一定會受到很大的反彈。也許父母會說「你打算怎麼處理這個家？」

如果是把家當成「HOME」（＝家人回憶的空間）來看待，應該會說出不同的話。「這個家充滿了大家一起生活的回憶，所以想跟你先商量今後的事」是一句貼近父母心情的訊息。這樣的話，應該能冷靜的商量今後的居住問題。

表達方法 12

○

我想擔任送別（爸爸）人生的任務，能不能告訴我要通知誰，才不會失禮？

×

（爸爸過世時）要通知誰？

「（爸爸過世時）要通知誰？」是預防父母有意外時，確認葬禮賓客時會說的話。正因為父母年紀老邁，事先做好準備十分重要。能在父母在世時談談如何為人生收尾，是個很棒的嘗試。

話雖如此，出其不意的這麼一問，有些長輩會不知如何是好，有時誤解你的心思，甚至抗拒的想「人還好好的，幹嘛說這種不吉利的話」。

切入敏感話題後，請注意「傳遞真誠的心」。送別父母離世的葬禮，是對生養自己的父母表達感謝的行為。兒女有這種意識，表示想擔起這個任務的話，長輩也會抱著感謝的心，誠懇的回答你。「不會失禮」也是說給敬愛的雙親聽的話。賓客回憶送別的長者和他的人生時，喪主的表現最能代表去世的長輩。穩健的擔當起喪主之責，為父母離世劃下完美的句點，就是最好的離別禮物。請不妨用這種心態傳達自己的想法。

表達方式 13

○

以前我們一家人經常自駕遊呢。

×

要不要繳回駕照呢？

「要不要繳回駕照呢？」是子女擔心高齡父母發生行車事故而說的話。由於高齡駕駛「把油門與煞車搞混」的意外事故頻傳，所以會有這種擔憂也可以理解。

但是，車子對老人家而言，也是「平日重要的代步工具」。必須主動放棄自己往來超市或醫院時使用的「交通工具」，在精神上是一大負擔。所以，體會父母感受的失落感，感同身受很重要，不建議突然就切入正題。

因此，想表達的是「以前我們一家人經常自駕遊呢」，讓父母回想起「幾十年前的開心回憶」。首先暢談他們年輕健康時的回憶，當長輩再想到現在的自己時，便能懷著愉快的心情，領悟到自己「不再年輕」的事實。到這裡為止，都還是事前準備。接著再轉移到「繳回駕照」的話題。此時也要表達「我會盡量幫助，讓你不至於不方便」。例如「隨時幫你叫計程車」、「陪你去購物」等。分成兩階段進行，應該就能讓長輩正視繳回駕照這個現實問題。

表達方式14

〇

就算是為了安全保障，
要不要去一趟駕訓班？

✕

如果油門和煞車搞混了怎麼辦！

擔心高齡父母開車時會說的話。子女的擔憂我可以理解，但是表達方式不對的話，經常會引發齟齬。而且像×那樣，將「長輩一定出錯視為前提」的說法，會傷了他們的自尊心。

這時候不妨用「安全保障」的積極理由，建議他接受駕訓班的講習。講習會會有專業的技術檢驗，就是請長輩測試「是否能駕駛手排車」。（編註：此為日本的規定，台灣則是七十五歲以上的汽車駕駛人每三年需換照一次，並且通過體檢和認知功能測驗。）

手排車多了一個離合器的踏板，操作比較複雜。也許會覺得何必多此一舉？但是操作較複雜意味著需要較高的認知功能，大腦與身體沒有適切的協調，車子就無法前進。而且父母那一代都習慣開手排車，操作上也沒有問題。

如果長輩無法駕駛手排車，這便是體認到「自己老了」的機會。平時沒有改駕手排車的必要，畢竟還有換車的成本，但是不妨事先記住有這種檢測就好。與駕車相關的行為，是保護父母和周圍親友的大事，請在尊重父母心情下冷靜應對為宜。

表達方式 15

✕

能不能告訴我你所有的銀行帳戶和裡面有多少錢？

○

聽說銀行的處理方式很冷血無情呢！

問父母「能不能告訴我你所有的銀行帳戶和裡面有多少錢？」是為了避免他們萬一出事時，銀行「凍結帳戶」，造成領不出存款等危險而問的話。問題本身並沒有不對，但是太直率的話會產生誤解。也許子女的想法是：「這件事很重要，所以還是直接了當的問吧。」但是簡單的說，它與「你有多少財產？」沒什麼差別。

像這種必須觸及敏感資訊的時候，建議可以從「可怕的傳聞」作為對話的切入點。把話題的重心放在「會發生什麼重大的危機？」上，便能順利的查證重要資訊。

在這次的事例中，便是告知長輩「聽說銀行處理方式很冷血無情呢！」這是指當帳戶當事人死亡時，銀行會無條件凍結帳戶的「傳聞」（手續上有其不得已之處）。

長輩聽到這個傳聞，便會想：「那可不得了。如果不趁早把重要資訊留給孩子，到時候他們會很困擾吧。」透過建立這樣的思考流程，就能順利的確認敏感資訊。不妨多利用「可怕傳聞」建立「主動交出重要資訊」的思考流程吧。

表達方式 16

✕

媽媽，不要到深夜還在玩手機啦！早點睡吧。

○

我工作時打瞌睡，被主管發現，把我罵了一頓。

擔心母親疲倦的神情，便說：「媽媽，不要到深夜還在玩手機啦！早點睡吧。」兒女擔心長輩，想追究失眠的原因。然後以自己所知給予建議，試圖解決問題。但是，父母是否接受孩子的建議，端賴親子「過去的關係」。只要彼此關係不睦，這種口氣父母聽起來，只會覺得你「高高在上」。

這種時候，不妨演一個「傷腦筋的人」，把情境翻轉為「請父母給建議的立場」。父母不管年紀多大，但是永遠「把孩子當孩子」。孩子尋求建議時，父母便會產生「我得幫幫孩子」的心情，冷靜的提出「解決問題的方法」。

在這個個案中，你告知「工作時打瞌睡」，引導父母提出「解決失眠的方法」。如果引導他說出「要不要去看醫生？」策略就成功了。藉由他們自己的建議將「睡不好必須去看醫生」的想法刻在潛在意識中，長輩也會因為本身的建議而想去看醫生了。

表達方式 17

×

如果病重的話，你想要延命治療嗎？

○

最近我看了一個討論延命治療的節目。
如果是我，我想這麼做。

這是攸關生死的重要問題。延命治療大致分成三種：「人工呼吸」、「人工營養」、「人工透析」。對難以自主呼吸的人，給予呼吸支持的叫做「人工呼吸」。若無法經口攝取飲食的人，以「插鼻胃管」和「點滴」給予營養稱為「人工營養」，為腎功能衰竭無法排出毒素的人洗腎稱為「人工透析」。

是否同意延命治療，是**非常重要的大事，基本上，不要拖延問題。一定要確實了解父母的意願**。

話雖如此，但是，身為子女做好心理準備，所以有些人總是難以啟齒。這種時候**不妨先表達「自己的看法」**。舉例來說，像○的方式，事先表達看到延命治療的節目後「自己的想法」，是一種出色的做法。其他像是「在書或雜誌上看到」等，任何切入方法都可以，請尋找出自己容易啟齒的切入法吧。

不論如何，**重要的是與父母坐下來詳談，確認他們有無延命治療的意願**。而且談完的結果務必寫下來，親子共同持有。如果可以的話，不妨先交給主治醫師。

表達方式 18

○

很多話一直不敢對任何人說，你願意聽嗎？

×

趁著精神還好的時候，有什麼話想說的嗎？

「趁著精神還好的時候，有什麼話想說的嗎？」是子女珍惜、重視與父母有限時間而會說的話。看著父母白髮漸增，背愈來愈駝，體型愈漸瘦小的樣子，「得趁著現在把重要的事問清楚」的想法油然而生。

我平常的工作是「到府復健」，但是見過不少臨終的病人表示「我心裡有些話，很想找個人說出來」。他們藏在心中的祕密可謂五花八門。外遇、負債、私生子、背叛……。人生有高峰有低谷，任誰都有一兩個「難以吐露的祕密」，只是程度輕重之別罷了。而且據我所知，很多人因為內心藏著無法吐露的祕密而深受折磨，只不過，這些祕密除了本人，其他人都不在意。

正因為如此，讓父母傾吐祕密，算是在他們臨終前所盡的孝心之一。只不過，猛然問「有什麼話想說的嗎？」，父母也會遲疑吧。建議兒女先「主動坦白」。一旦成為「祕密共享者」之後，也許他便會透露自己深藏的祕密。

表達方式 19

×

過世之後，你想在棺材裡放什麼？

○

我想穿這件衣服踏上旅程。

「過世之後，你想在棺材裡放什麼？」是在至親即將臨終前，確認收進棺材的衣物時說的話。正因為重視至親才會提出這個「特別的問題」。

當你走向人生終點時，會裝扮成自己開心「喜歡的樣貌」踏上旅程嗎？這一世完成了人生，即將走向下一階段，所以我會想打扮成自己喜歡的模樣。話雖如此，但是不太方便直接問出口。這種時候請先傳達自己的想法吧。開朗的說：「我想穿這件衣服踏上旅程」，父母聽了之後應該較容易說出自己的想法吧。

附帶一提，聽說「另一個世界」意外的是個「舒適的地方」。因為幾乎沒有人再回來過。這是我還是菜鳥時，一位七十多歲的男病患告訴我的。當時還年輕的我，傻傻的問道：「你不害怕死亡嗎？」那位病人便說：「死亡不可怕。因為幾乎沒有人回來過呀。」很奇妙的說服了我。後來我對另一個世界的印象也大為改觀。

表達方式 20

✕

告訴我你常去的醫院。

○

希望你告訴我平常就醫的醫院、看哪一科、哪一位醫生。

「告訴我你常去的醫院」，是預先掌握高齡父母出意外時就診醫院的提問。這時候，建議開門見山的問清楚，不要含糊其詞。因為，**就診的醫院等訊息攸關性命，必須掌握正確的資訊**。確實了解的話，若有什麼意外時，也能迅速應對處置。

所以，請詳細的問清楚「平常就醫的醫院、看哪一科、哪一位醫生」，而不是簡略的問過「告訴我你常去的醫院」就結束。具體的掌握就醫的醫院、科別、主治醫生、特殊事項（過往病歷、目前病況、過敏、禁忌事項），也會比較放心。

這個問題與地震、火災防備同等重要。有些有用的資訊可能已經無效。所以開門見山的問清楚吧。

如果與長輩之間有隔閡，不好打聽的話，請在一開始表達「為父母著想的誠心」，例如：「身為爸爸的兒子，我有義務負起責任」等。**長輩感受到你的誠意，應該也會開誠布公的告訴你**。

2

成為〈北風與太陽〉的太陽吧

各位聽過伊索寓言的故事〈北風與太陽〉吧？北風與太陽比賽誰比較強的故事。比賽的條件是「誰能讓路上的旅人脫下衣服」。

北風鼓起勁，向旅人吹起猛烈的風，硬要吹掉他的衣服。但是事與願違。相反的，太陽把旅人曬得暖呼呼，於是旅人主動的「想脫掉衣服」。在這場比賽中，太陽大獲全勝。

如果像這個故事中的「北風」強迫對方，往往無法成功。反而像「太陽」一樣，**努力讓對方主動採取行動，自然會打動對方的心**。這在「與父母溝通」時，也應抓住的重點。

對父母說什麼樣的話，會打動他的心呢？思索這個問題，謹慎選擇適當的說法最重要。如果想改變對方的心或行為，請務必先對父母說些「溫暖的話」、「貼心的話」。然後，父母也會說出了解你心情或想法的話。請用太陽的姿態，貼近對方的心情吧。

✕ **溝通像「北風」的例子**

↓「棉被好像有點霉味？上次曬棉被是什麼時候？」

包含了指示、指責。對方會把心門關上。

○ **溝通像「太陽」的例子**

↓「棉被曬過太陽，又軟又鬆的好舒服！今天出太陽了，我們來曬吧。」

正向而積極的話語，因此善意的接受好意。

第 3 章

想提醒父母的「傳達失誤」

「想稍微提醒爸媽」減少抽菸和喝酒，這種經驗應該誰都有過吧。在這類情況中，客觀來說，你的立場沒有矛盾，會這樣說的理由很充分。

只不過，你愈是有道理，事態可能愈棘手。**人愈是相信自己正確時，愈容易犯錯**，因為你沒有站在自己可能有錯的角度來看事情。

舉例來說，有時是否會忘了彼此是「親子」的立場，或是缺少從父母自身的角度了解對問題的認知呢？說不定，你提醒他們的行為，正是父母的生活重心。

人受到壓迫就會起而推翻，被命令久了就會反彈，更何況是被子女命令，有過之而無不及。本章便將與大家一起思考，**在不刺激父母情緒下，讓父母行為較容易而實際改變的方法**。

咕嘟咕嘟……
你喝太多酒了吧？
已經第5瓶了呢。
我用自己的錢買的，想喝幾瓶不用你管！
怒
我是為你著想才說的。
我只喝這點酒，別在那裡大小聲！

表達方式21

○

你記得那個老菸槍山田先生吧？
聽說他癌症末期了。真可怕……

×

你要不要戒菸？
你也知道有害健康吧？

「你要不要戒菸？你也知道有害健康吧？」是建議長者為了身體，早點戒菸時說的話。我個人並不贊成干涉別人的興趣或嗜好。每個人對健康的理解力和價值觀也天差地別。話雖如此，我也深切了解子女的擔憂。

能不能**以不產生爭執的程度，提醒他注意就好**作為最後的折衷方案呢？以抽菸來說，決定一個可以接受的目標，如「一天兩根以內如何？」等，是否行得通？說句題外話，我非常愛吃甜食，最喜歡豆沙餅。家人用「會得糖尿病哦」不知勸我多少次。但是我的感覺是「那種事我知道！」甚至比家人都更清楚。**不論是誰都有明知不好但是戒不掉的習慣**。

當然，如果是大幅提早死期的生活習慣，當事人自己也認同的狀況下，是有可能喚起注意。但是像×那樣含有指示、命令的訊息，反而削減戒菸的成效，不建議這麼做。如果有老菸槍熟人癌症末期的「恐怖資訊」，不妨利用它促進危機感。拿出證據來說服，將有出其不意的效果。

表達方式22

✕

你已經不年輕了，別做危險的事吧。

○

上次我去划雪，扭傷了腳，吃了好大的苦頭呢。

「你已經不年輕了，別做危險的事吧」。當子女感覺父母的行為「不符合年紀」會這麼說，經常是在父母熱愛休閒活動的狀態。這種時候，即便直率的請求「別做危險的事」，對方恐怕也不會接受。

假設你的嗜好是「滑雪」，卻被禁止，會不會感覺「人生的生存樂趣」被剝奪了呢？心同此理，父母也是一樣。

所以，這種時候，不妨提供自己的失敗經驗，一面摸索妥協方案吧。如同○的表達方式，你用自己的經驗傳達「已不年輕」的事實，當父母體會到「孩子也老了」時，也會領悟到自己的衰老吧。趁著這個時機再問：「爸爸最近怎麼樣？」平常總是回答：「我還身強力壯呢」的長輩，聽到你的經驗談後，應該會向你敞開心房：「說起來，最近膝蓋時不時會痛呢。」

到了此時就是你的主場。立刻提出「出門活動的時候，請別人陪你一起吧」、「先留下聯絡方式，隨時可以聯絡得到」等折衷方案吧。以不剝奪父母生活樂趣為前題，減少受傷或遇難的危險。

表達方式23

×

別做園藝工作了，萬一閃到腰就糟了。

○

夏天和冬天請工人來做好不好？

「別做園藝工作了，萬一閃到腰就糟了。」園藝是不少高齡長輩的嗜好，四季分明的大自然療癒了我們的心。話雖如此，修剪高處的樹木有「摔落」的危險性。除草也讓腰部或膝關節有很大的負擔，導致「關節痛」等等。事實上，因為園藝工作，不得不進行人工關節手術的大有人在。雖然是個活動身體的好機會，但應該適可而止。

但是，也有人將園藝視為生活重心，所以要他放棄恐怕不太容易。這種時候建議**採取「部分要求」**。○的表達方式，提議將夏天和冬天的園藝工作外包給他人。

提出減少五○%、六○%接觸機會的折衷方案，長輩接受的可能性也會提高。因為，它**淡化了自己的作業被剝奪、被否定的拒絕感**。園藝勞務的「部分要求」像是「高處樹木的修剪」、「贈送可以減輕腰部負擔的除草道具」等做法都不錯。提出具體的**折衷方**案，找出彼此都能接受的共同點吧。

表達方式24

×

不要叫我「喂！」

○

我的名字叫涼子！

「不要叫我『喂！』」是不希望父母用「喂」叫人時的提醒。尤其是女性，可能很多人都對「喂」這個叫法有很強的抗拒感吧。

許多男性長輩自稱「老子」，對別人習慣用「喂」來稱呼。他們缺乏「問題意識」，只因為過去都這麼叫，所以現在也繼續用「喂」稱呼子女罷了。所以，這個問題很難解決。

如果再怎麼樣都無法接受的話，最有效的方法，就是「反覆提示」他自己的名字。這裡想強調的是執行「模式的中斷」。「喂」是長輩持續了幾十年的習慣，想要中止它只能不斷的提醒，別無他法。

○的表達方式，是告知「我的名字叫做涼子！」不要含糊不清，直接了當、清楚明確的表達自己的訴求吧。也許很花時間，但不久之後，他也會意識到「你不想再被人家叫『喂』」了吧。

表達方式25

✕

有什麼話想說，就直說嘛！

○

聽說吉川先生明明身體不舒服，卻不肯對醫生說。

「有什麼話想說，就直說嘛！」長輩也許寡言，也許封閉自我，不願意把自己的心情或想法說出來，這時子女可能會冒出這句話。這也是不容易解決的問題之一。發生這種事是因為父母感覺沒有陳述自己意見的必要性。父母緊閉心房時，如果堅持一再追問，長輩反而更加噤口不語。就像是〈北風與太陽〉中的北風，不能解決問題。

這種時候，「提供話題讓長輩忍不住想表達意見」也是一個方法。像○的說法，找個常見的「看診」話題。

就像附近的鄰居身體不適，不知如何是好。聽到這種話題，照理說任何人都會同意「不把狀況告訴醫生，就不能解決問題」吧。想必不願開口的長輩一定也贊同這個看法。到這裡為止，算是前置作業。

接下來請告訴對方「爸爸，如果你有想說的話，願意告訴我，我會很高興」既然同意你先前的話，現在很難說NO了吧。依據這兩個步驟，他應該能理解「必須說出自己的想法才行」。

表達方式 26

×

家裡怎麼亂成這樣？
這不是連站的地方都沒有了嗎？

○

這個東西重要嗎？
我們一起整理吧，
要不然摔倒會很危險呢。

「家裡怎麼亂成這樣？這不是連站的地方都沒有了嗎？」隔了一陣子才回的老家，沒想到混亂得如同垃圾屋，讓人忍不住這麼說。過去數千件到府復健的個案中，不少家庭屋裡垃圾堆積如山，連可以站的地方都沒有。

這種時候，**說出責備長輩的話，也無法解決問題。因為兒女眼中的垃圾，對父母而言，很可能是「寶物」**。

在我造訪的家庭中，有人把「面紙盒」當成寶貝。問他：「這個可以丟掉嗎？」回道：「不行，這是孫子幫我畫的盒子。他還會再來玩，其他的也留著別丟。」面紙盒裝滿了與孫子的回憶，是「無可取代的寶物」。

從這個個案我學到一點，**最好的辦法就是確認「對長輩而言是否重要」並一起整理**。一口氣全扔掉的話，老人家會不安，甚至失智惡化。所以不妨問「這個東西重要嗎？」了解父母的想法後再一起整理吧。

表達方式 27

×

你最近變胖了吧。要不要運動一下？

○

我最近胖了耶，怎麼辦呢？要不要陪我一起去散步？

「你最近胖了吧。要不要運動一下？」看到父母明顯發福，兒女擔心吐露的一句話。遇到喜歡舒坦的待在家裡，不太外出的長輩，也常會這麼說。

這種時候，即使嚴格的質問他「缺乏運動」，也無益於解決問題。因為長輩也知道運動的重要性，回嗆一句：「你說的我都知道。」最後還是不了了之。長年的生活習慣沒有那麼容易改變。

這種時候，**建議用「兒女的煩惱」為主題，與父母商量**。例如，試試這麼說：「我最近胖了耶。怎麼辦呢？要不要陪我一起去散步？」**藉由傳遞「請幫我」的訊息，在不知不覺中也解決「長輩的問題」**。

知道孩子有困難，便想「幫助孩子」是為人父母的本性。所以這是基於父母心的表達方式。有的長輩會嫌「太麻煩了」，但是一再央求「一起去散步嘛！」最後有可能妥協說：「好吧，一星期一次的話……」〇的傳達方式也是邀請他「要不要陪我去散步？」這樣同意運動的機率應該會提高。

表達方式 28

✕

夫妻吵架，拜託適可而止啦！

○

對了，這首音樂不是爸爸和媽媽的定情曲嗎？

「夫妻吵架，拜託適可而止啦！」是父母爭吵時，子女順口而出的話。俗話說：「夫妻吵架狗都不理」最好的方法就是順其自然。但是，有時發展成激烈爭執，不能置之不理的時候，兒女也不得不居中調解。

這種時候，請全心放在怎樣可以讓父母「消氣」吧。爆發吵架的癥結點，無非是「意見不合」或是「觀念分歧」。只要稍微減少火花四射的「點與點衝突」，就能讓爭執冷卻下來。

我的做法是說些無厘頭的無聊廢話，或是插科打諢、裝傻搞笑，逗樂他們。如果「做不到這種需要技巧的事」，播一曲「兩人回憶的音樂」也不失為一個辦法。

音樂有療癒人心、舒緩心情，重回「那時候」的力量。這時對長輩說「這首曲子真美啊」讓他開心一下吧。或者是買父母喜愛的東西，幫他們做個好菜。打開兩人都喜歡的電視節目也不錯。不管怎麼樣，請試著轉換話題讓兩人心情好轉吧。

表達方式 29

✕

媽媽也到了這個年紀，
出門是不是撐個枴杖比較好？

○

聽說北歐式健走很棒耶！你聽過嗎？

「媽媽也到了這個年紀，出門是不是撐個枴杖比較好？」母親步履不穩的機會增多，摔倒風險升高時，自然會提到撐枴杖這樣的話題。不過長輩聽到這句話，大多會回以：「不要、不用、沒關係、丟臉」等。沒錯，**對父母那一代來說，枴杖是很難接受的工具**。

但是，逞強硬撐，不用枴杖，又有骨折動手術的可能性。到了那種時候，可能得要住院一至兩個月，與復健約三個月。個案會開始**陷入「摔倒↓骨折↓住院、手術↓臥床」的模式**。

負責這種病患時，我會讓他們看活潑年輕人享受「北歐式健走」的照片。這是歐美國家正在流行的運動，據說「三人中就有一人」會做。他們手持兩支健走杖，因此可以運動到百分之九十的全身肌肉。

當了解到這種運動「不分年齡，任何人都能做」，父母也就能從「枴杖＝老人」的偏見中解脫。大多就能樂意使用枴杖。請務必嘗試看看。

表達方式30

○

想跟你討論一下什麼時段方便打電話給你？

✕

怎麼老是不接電話？

「怎麼老是不接電話呢？」很多人會用電話確認需要哪些支援，或是查探是否平安。子女因此也會打電話給親愛的父母。如果父母不接電話，一定非常擔心吧。

但是，你必須了解一件事：「孩子不知何時會打來的電話，對父母而言，有可能成為一大負擔。」事實上，我頻頻接受老年人的諮詢，提到「孩子會打電話來，無法出門」的煩惱。子女想到就打電話，但是必須認知「老人家也有自己的事」、「電話也許成為無意識的束縛」。

理解這一點後，向長輩說：「想跟你討論一下什麼時段方便打電話給你。」了解孩子來電的時段，長輩較容易規劃一整天的行程。沒有來電的時段，可以出門購物或去醫院，行動自在沒有壓力。建議以這種表達方式減輕父母的負擔。

3 撤離「自我VS自我」的戰線

我們人類都是在媽媽的肚子裡成長，再降臨到世界上。這個時候，小寶寶並沒有「我」的自我意識，只存在著「擁有人類身體的我」而已。

但是成長到幼兒期，進入「磨人精」狀態時，開始萌生出自我意識，知道「『自己』不是其他任何人」。自我意識的出現，人們開始產生「我喜歡這個」、「討厭那個」等的情感。也許可以換個說法，就是如自己所願，想改變現狀的心。

然後，與形形色色的人相遇，在社會存活中，我們人類漸漸萌生出「自我」（EGO）。如同「自我」二字是用「自己」與「手和戈」來表現，有戰鬥的特質。所有成年人心裡都有「自我」的存在。巧妙的操縱語言，讓立場有利於自己，可以過得輕鬆些，設法比別人更具優勢。

是的，成人擁有自我，與他人的自我碰撞，以便讓自己在更好的狀態下生活。了解這一點，在與父母溝通上非常重要。

因此，「任何個人都想貫徹『自己的自我』，我也是。父母自然也有自我，所以才會堅持自己的意見。這是天經地義的事。請把它視為人類與生俱來的本能。」

了解這個事實後，與父母的溝通會發生戲劇性的改變。因為你會意識到「剛才說的話，只不過是想貫徹自我的意志罷了。」於是自然而然會說出顧及父母心情的話語。這便是培養親子「幸福關係」的第一步。

第 4 章

想讓父母做某事的「傳達失誤」

回首過去，你的意圖沒有正確傳達給別人的經驗，應該不只一次吧？當下，我們很少會把責任完全歸咎給對方來解決問題。沒錯，「對方聽不懂，那就換個說法再試一次！」這是我們平時理所當然會做的事。

但是，與父母溝通的時候情況又是如何呢？我們會不會怠惰的以為「他們是我爸媽，一定聽得懂」呢？

當你還不會說話時，父母「揣度你的意思」悉心照顧你。現在年老的父母當然會說話，但是現在立場已翻轉輪到我們來照顧他們。

正因為這種時機，即使同一句話，重要的是「如何讓父母理解？」的觀點，而不只是單純傳達想讓父母做某事的意旨。我們一起來看看吧。

自己拿出來的雜誌自己整理。
……
你聽到沒有!?
欸!?

表達方式31

×

有什麼困難的話，跟我聯絡。

○

不只是有困難的時候，隨時都可以聯絡我哦。

七、八十歲的父母那一輩「絕不能給別人造成麻煩」的意識，比你強得多。因此，不少老人家即使困難，也不願與子女商量。所以孩子不是更應該叮囑父母「有什麼困難的話，跟我聯絡」嗎？這句話乍看之下，好像很正常吧。

但是，這句話有個「問題」。它會讓父母感覺「只有在有困難的時候才能聯絡」。叮囑這句話，有可能對「報告、聯絡、商量」的行為造成限制。

有效的叮囑應該是「不只是有困難的時候，任何時候都可以聯絡我哦」。傳達這種想法，父母會覺得「隨時想聯絡的時候都可以聯絡」。與×的表達方式有很大的不同。這對堅持「絕不能給別人添麻煩」的父母，才能發揮力量。尤其是不太常聯絡，很容易獨自攬下煩惱的長輩，請務必用這種表達方式。只要他能認為「有困難時，可以依靠孩子」，父母也會把你當成堅定的靠山。

表達方式 32

○

傳遞傳閱板和打掃，全部交給我！

×

傳閱板記得轉給鄰居哦。

「傳閱板記得轉給鄰居哦」。上了年紀後做什麼事都嫌麻煩。經常會疏忽像是傳遞傳閱板、分裝洗髮精、補充衛生紙等日常的行為。這一節的表達方式就是提醒父母該做的事。（編註：傳閱版是日本社區中的移動式公布欄，收到版子閱讀公告事項後簽名，再繼續傳給下一位鄰居。）

但是在這種個案中，即使直接發出指示，父母也不會按照你的話去做。因為這種訊息是自我訊息：「我很忙↓爸媽在家裡↓沒事做↓看起來很閒↓要他們幫忙」會誘發抗拒心。從父母的角度來看，恐怕是覺得「真囉嗦。知道了啦！」

這種時候，一種方法是宣布「全部交給我！」話雖如此，也並不需要全部攬下來。這裡的重點是利用父母認為「孩子永遠是孩子」的心理將計就計。例如，孩子如果宣布「全部交給我！」的話，老人家最初會想：「孩子把事情全部包下來了。感恩！」結果卻看到孩子力有未逮的狀況，便會轉念覺得「沒有我幫忙還是不行！」發現狀況無法改善，察覺自己可以應付時，就會轉換成自發性行動。所以，偶爾扮演一下「做事不牢靠的孩子」吧。

表達方式33

○

昨天，院子裡有隻貓跑進來耶。

×

有什麼煩惱，可以找我商量呀。

看到父母提不起勁的時候，就想對他們說：「有什麼煩惱，可以找我商量呀。」長輩不願向我們吐露實情，也許是因為「不想讓孩子看到自己脆弱的一面」，也有可能認為「自己是長輩，得挺住才行啊」。不管是哪一種，現狀就是「無法輕易的開口」。

這種時候你需要思考的是「如何建立無話不談的關係」。父母有煩惱卻不願與你商量，表示他與你這個孩子之間，有一道想說也不能說的障礙。那我們就把心思集中在拆除這道障礙吧。不建議不問原由就直接突破。

破除障礙的有效方法是「昨天，院子裡有隻貓跑進來耶」之類無關緊要的話題。什麼話題都可以，但是請盡量分享「平淡日常」或「自己的煩惱」，這是建立「無話不談的關係」的第一步。

重點是要主動積極的攀談。只要經常分享「有了寵物這種事，真高興」或是「我很煩惱小孩」，父母會覺得你願意向他打開心房，便會漸漸願意吐露自己的煩惱。

表達方式34

×

怎麼沒去醫院？
不可以不按時回診啊！

○

我陪你一起去醫院吧，
我也想聽聽醫生怎麼說。

「怎麼沒去醫院？不可以不按時回診啊！」面對討厭去醫院的長輩，給予的逆耳忠告。對醫生感冒的老人家出奇的多，主要是因為許多老人家覺得醫生的建議帶著「高高在上」的角度。「請務必好好吃藥」、「生活要規律正常哦」等。他們不喜歡這種指示的口吻。此外，醫生看老年人好欺負，態度不認真的經驗，也是引發老人家討厭醫院的原因。

這種時候不妨對長輩說：「我陪你一起去醫院吧，我也想聽聽醫生怎麼說。」這句話會激起長輩「既然孩子都這麼說了，那就去看看好吧」的正向心態。但也有老年人會產生拒絕的想法：「我自己一個人就能去，不用你們陪。」

不論如何，**重點是藉由「一起去吧」的誘導方式，傳送「我會幫你打氣」的訊息，而不是「一定要去哦」的指示、命令**。兒女關懷的話語會成為邁開沉重步伐的契機。我們與高齡父母不知能相聚到哪一天，所以，是不是應該偶爾用行動來表達自己的愛呢？

表達方式35

○

聽說開了一家好吃的義大利餐廳耶！要不要一起去？

✕

要不要去哪裡走走？我陪你去。

「要不要去哪裡走走?我陪你去。」兒女擔心父母整天關在家裡，想帶他們出去走走，呼吸一下新鮮空氣時會說的話。這應該是一句足以感受子女關懷、完美無缺的表達。看上去應該沒有問題。

但是，仔細再想想又有些令人在意的地方，就是會有**「無可奈何，只好陪陪你」的感覺**，不覺得有點「居高臨下」的視線嗎?當你約喜歡的人去約會時，不會這麼說吧。如果聽到別人對自己這麼說，也會覺得對方「很自大」吧。

此時，**最佳的邀請方法是讓父母不假思索的說「不錯耶，好，一起去!」**。例如：「聽說開了一家好吃的義大利餐廳耶!要不要一起去?」**這句話如實傳達出孩子自己「想一起出去走走」的心情**。沒有「給你面子才開口」的居高臨下角度，不會讓對方不高興。

雖說是親子，但是「再親的關係也要有禮貌」。請用心想一些引導對方愉快允諾的話，將會更加深親子之間的感情。

表達方式 36

×

要做什麼事之前一定要先通知我。

○

有什麼事都提早通知我，我會很開心。我一定能幫更多忙。

「要做什麼事之前一定要先通知我」。這是覺得父母需要子女的管理或建議，表示「事前要跟自己商量」的一句話。可以想到的狀況有去旅行、改建房子、買高價商品等等。子女會這麼說是因為關心父母，希望他們不要做出某些錯誤的決定。

但是，這種口吻，並不能傳達子女的貼心。坦白說，**它傳達的訊息是「別自作主張」這種不尊敬父母的訊息**。身為父母，應該會覺得不太高興吧。

這種時候，請用「有什麼事都提早通知我，我會很開心。我一定能幫更多忙」的表達方式。這種方式的優點在於，**訊息的主詞是「當子女的我」，而我「會很開心的狀態」，只是陳述意見而已**。

接收到訊息的**長輩理解到「怎麼做孩子才會感到開心」**，就能以極自然的形態，敦促他們改變行為。向長輩傳達某些期望時，表達你身為人子的感情，如此「你這麼做我很開心」、「你這麼做我很難過」，父母比較容易接受。

表達方式 37

○

你的藥太多了呢。
沒關係，我們跟別的醫生談談如何？

×

你沒吃藥吧？這樣不行哦。

提醒父母沒有按時服藥時會說：「你沒吃藥吧？這樣不行哦。」這種狀況下，了解長輩「為什麼不想吃藥」背後的行為動機十分重要。常見的例子是要吃的藥太多，怕會成為身體負擔。處方藥太多時，吃藥就成了麻煩事。

「你的血壓滿高的哦。我會開血壓藥，另外再加胃藥緩和身體的負擔。」不少醫生會用累積的方式開藥。因為處方藥的點數和診療的次數愈多，醫生的收入就愈高。這便是「醫療經濟優先」所導致的弊病。報載有位高齡婦女因為每天服用多達十二種藥物，最後臥床不起。停止服藥後竟然恢復正常，簡直駭人聽聞。

話雖如此，絕對不可以憑著外行人的判斷，自行決定「可以減藥」。一定要聽從專業知識，哪些藥可以停，哪些藥不繼續服用就有性命之憂。這種時候請問問長輩「我們跟別的醫生談談如何？」請尋求「他人意見」找到將負擔減至最輕的解決方式。

表達方式 38

✕

上次洗澡是什麼時候？怎麼有股臭味？

○

我家的孩子都說很喜歡爺爺洗完澡的味道。

「上次洗澡是什麼時候？怎麼有股臭味？」是提醒長期不洗澡的父母時會說的話。年紀大了之後，光是洗個澡都會感到疲憊。另外，由於嗅覺衰退，對自己的味道遲鈍，社會性也變得衰弱、對外表和容貌漠不關心。

這些個案諮詢的多是「味道困擾」。解決的方法只能敦促他多洗澡。所以不妨想想「讓老人家期待洗澡的小巧思」。

例如，「我家的孩子都說很喜歡爺爺洗完澡的味道」等表達方式。這種表達的優點在於它能打動長輩「想看到孫兒開心」的情感，是一則鼓勵自發性行為改變的訊息。由於它不含單向指示、命令的「自我訊息」，長輩會自然而然的產生「要不去洗個澡吧」的心態。只要是能讓他們感到期待、愉快的誘因，什麼都可以試試。像是準備香味宜人的肥皂或入浴劑，加裝防水的收音機，洗澡時可以聽廣播等。不妨先問問「長輩希望自己怎麼做才開心」，然後準備好「機關」讓他們期待洗澡吧。

表達方式39

×

上次曬棉被是什麼時候？怎麼一股霉味？

○

今天好天氣，我們把棉被曬曬吧？暖洋洋的棉被蓋起來很舒服呀。

「上次曬棉被是什麼時候？怎麼一股霉味？」這是提醒老人家一直沒曬棉被時會說的話，應該是擔心棉被發霉會影響健康吧。話雖如此，**在父母的角度來說會覺得這話說得太直率了**。聽到孩子這麼說，還能乖乖接受的父母恐怕不多。而且**老人因為嗅覺衰退，本來就不容易發現棉被的霉味**。

另外，和表達方式38類似，隨著年齡增長，不少長輩對這類事情漸漸不太在意。單純的覺得曬棉被太麻煩。這種時候，試著建議：「今天好天氣，我們把棉被曬曬吧？暖洋洋的棉被蓋起來很舒服呀。」

天氣好的日子曬棉被是極為理所當然的事。用「我們去進行」來表達理所當然的事，就不會成為責備的口氣。既不會讓氣氛劍拔弩張，也能改善現狀。不要一味等著父母改變行為，偶爾用自己的「行動」支援父母也是個不錯的主意哦。

表達方式 40

○

我們一起收拾房間吧！

×

房間很亂耶！你要好好收拾呀。

「房間很亂耶！你要好好收拾呀。」這是房間裡亂七八糟，或是骯髒時想說的話。首先，**年老之後「房屋骯髒」要特別小心**。有可能是罹患失智症、思覺失調症、老年憂鬱症、強迫症、自我忽視等各種問題。**愈是完美主義、一絲不苟的人，愈是具有這些問題的傾向**。請判斷是「暫時性的現象（只是太疲累）還是有潛藏的疾病」，請不要猶豫，視需要請教專家的意見。

這種時候，只要傳遞給父母簡單的一句話：「我們一起收拾吧！」父母聽到這句話會視為「孩子在擔心我」、「他們關心我」的意思，而能用正向的心態接受你的提議。

接收到子女的貼心動作，沒有父母會感到不開心。高齡父母在世時，能相聚的時間非常有限，只要想到「還能與父母見幾次面呢？」、「還能在父母跟前盡孝多久呢？」對待父母的態度也會改變吧。

4

重視「非語言互動」

「非語言互動」指的是語言之外的交流。具體來說，像是表情、身體動作、手勢、儀容、聲調、對話語速，還有身體的接觸（握手、擁抱）等等。

親子對話時，留心「非語言互動」與「傳達話語」同等重要。因為說話者的「表情、身體動作、手勢、聲調」等訊息，較容易對聽者的「情感（喜怒哀樂）」產生作用。

舉例來說，當你回老家時，母親為你做了午飯。這時如果你只是冷淡的說：「好吃。」母親會有什麼感受呢？雖然說的是「好吃」，可能會讓她感到高興，但如果缺少「非語言互動」，也許會讓她感惴惴不安，覺得：「她真的會高興嗎？」

相反的，如果看著母親的眼睛，開朗的說「好吃！」會有什麼結果呢？她肯定會率真的表現開心：「孩子喜歡吃呢！」

像這樣在溝通時，運用與「傳達語言」相當或更多的「非語言互動」，十分的重要。

著名的心理學家亞伯・麥拉賓（Albert Mehrabian）所提倡的「麥拉賓法則」說明了「非語言互動」的重要性。依據麥拉賓的研究結果，溝通中傳達資訊的比例為「視覺資訊：五五％、聽覺資訊：三八％、語言資訊：七％」。總之，對方的表情、聲調、身體動作、手勢、對話語速等「非語言資訊」比「語言的內容」更容易傳達。

如果想向父母表達「感謝」的心情，不妨把「感謝的心」放在表情和聲調中。應該能加倍傳達你的心聲。

第 5 章

被父母拒絕時的「傳達失誤」

有沒有哪些事，你非常討厭？

即使別人問「為什麼？」你都會回答「沒辦法，討厭就是討厭」。比如觸碰蟑螂或青蛙，被迫吃討厭的食物，因人而異。

那種時候，**即使跟你講道理，你也不會想聽吧**，誰教我就是討厭它嘛。當父母也露出這種「討厭、不要」的反應時，不論你說什麼，他們都難以理解。這件事不分男女老幼，舉世皆同。

也就是說，**不要試圖說服**。情緒性的反應最好不要用情緒對抗。話雖如此，對話還是必須進行，所以總得想個辦法解決。這種時候，該如何表達才好呢？

只要掌握住訣竅，意外的狀況就會開始變得平順。本章中將介紹幾個化解問題的訣竅。

好痛好痛!!
你沒事吧？
要不要去醫院？
不要！
為什麼呢？
不是很痛嗎？
我討厭醫生。
蛤!?
怎麼說這種孩子氣的話。
煩死了!!
隨便你啦!!

表達方式41

✕

別老是說這種任性的話啦！

○

再任性一點也沒關係哦！

「別老是說這種任性的話啦！」當子女覺得父母太自我中心的時候會說這句話。首先，你應該考慮的是，**他的「任性」程度，對你來說真的無法接受嗎**？父母一旦年老之後，你永遠不知道何時會發生什麼事。**你敢說你不會因為不接受父母的「任性」而後悔莫及嗎？**如果你與父母相聚的時間只剩幾小時，大概會想盡辦法幫他們達成願望吧。

這麼一想，所有人應該都會認為「優先實現高齡父母的要求，再適度妥協」是最好的答案。

尤其是**在「情緒化、無法講道理」的時候，最好的方法就是讓他盡情的講**。因為在那種狀況下，長輩心裡累積難以化解的挫折。不用與他共鳴或讓步，只需靜靜聽他傾訴。只要能讓他感覺到「全部一吐為快」、「孩子了解我的心情了」，父母就會感到放心。此時再提出折衷方案。這種方式與客服中心處理客訴的對策，本質上是一樣的。想必長輩也能接受你的意見，與你積極的討論吧。

表達方式 42

○

好，我知道了。那就試試看吧。

✕

說過多少遍了，別那麼做！
為什麼你就是聽不懂呢？

「為什麼你就是聽不懂呢?」當長輩不由分說的想照自己的方式進行某事時,子女會說出這句提醒他們的話。但是,這種表達方式,不會改變局面。即使你的意見是「最合理的解決方式」,高齡的老人家還是「不要就是不要!」

雖然父母不至於像幼兒般鬧脾氣,但是為「這樣對,那樣不對」爭執,並沒有意義。重要的是「立場不同,不要隨之起舞」。

這種時候,請對長輩說:「好,我知道了,那就試試看吧。」你願意接納他的想法,當下就解除了長輩的挫折感。

然後,在明知會失敗的心理準備下,照著長輩的想法做做看。做完時,十之八九都未盡人意。但是,長輩這時候才會意識到:「原來,老來從子是這麼回事啊!」繼而出現把你的意見聽進去的空間,願意聽從你的說法。所以只要先在心裡挪出容許失敗的空間,父母的態度應該也會大幅改變。

表達方式 43

○

謝謝你明白的告訴我！

×

又在鬧彆扭了！
就算你一臉不高興，
不行的事就是不行！

「又在鬧彆扭了！就算你一臉不高興，不行的事就是不行。」真是可愛的老人家呀，值得人好好敬愛。他們喜怒哀樂的表情視狀況而定，但是總是能傳達出某種心情，所以，請抱著「謝謝告訴我你的情緒」的想法吧。

家母也經常表現出鬧彆扭的表情。但是，如果子女想的是「想辦法改變父母」便會引起衝突，因為那是彼此的自我在互相碰撞、爭執。基本上只要想「如果我讓步就好了」。

具體來說，請對長輩說「謝謝你明白的告訴我！」這句話。聽到你這麼說，長輩心中會打個大問號：「咦？他在說什麼？」於是，一度緊繃的氣氛瞬間化解了。一方面這也是表示「我沒在生氣哦」的意思，所以原本煩燥的心情也變得無意義，因而撫平了長輩生氣的情緒。父母任性的地方就睜一隻眼閉一隻眼的算了。對父母來說，孩子「永遠是孩子」。晚輩退讓一步反而輕鬆。事情也容易順利進展。

表達方式 44

✕

（當父母說：「反正我也快死了」）
別老是把死掛在嘴上。

○

我有一天也會死，只是早晚的事。

「（當父母說：「反正我也快死了」）別老是把死掛在嘴上」。父母也許是抱著「希望孩子理解我們一分一秒走向死亡的心情」才冒出來的話，但不少子女卻很苦惱：「不論我怎麼說都不能安慰到他，該怎麼回答才對呢？」

這時候如同〇的例句：「我有一天也會死，只是早晚的事。」**平淡的傳達每個人「同樣都要迎接死亡」的事實就好了。沒有必要跟他抬槓**。長輩能理解「大家都會死，我們立場相同」的話，心情多多少少能平靜下來。

這個個案**最重要的是，理解父母說「反正我也快死了」的心理背景**。也許你的父母正處於恐懼逐漸逼進的死亡的階段。是一種「害怕」、「想逃避」等的情緒。

更進一步說，也許是在傳達「心中憂慮，希望孩子陪在身邊」的訊息。不論是哪一種，**試著貼近父母的心境，傾聽他們的情緒**，就能讓心情平靜下來。

表達方式45

○

爸爸跟以前一樣，一點都沒變呢。我服了！

×

你為什麼那麼固執？

「你為什麼那麼固執？」好話說盡，長輩還是給你「不動如山！」的感覺嗎？這樣的話，即使你說得再有道理，很可能他也聽不進去。直接提醒長輩的固執，並沒有任何意義。因為父母只是「想貫徹自己的意見」，而不是「追求正確的判斷」。

遇到這種時候，把長輩的固執視為「多年來一直未變的個人特質」，隨便聽聽就算了。父母應該也注意到自己的固執吧。如果你表示「那是爸爸、媽媽的特色」，用肯定的口吻回應，父母會認為「孩子讓步了」便不會感到不悅。

不講理的人，你用道理去說服他，只會造成爭執，不如輕輕放下。

平時，我在臨床診療期間會遇到各式各樣的病人。那時候如果覺得「這個人在某處不肯退讓」我就會考慮自己先讓步。主動走近對方，等對方的心情稍微放鬆之後，再傳達我的意見，此時對方多會爽快的接受。

你不妨也試著這麼說：「因為我遺傳了爸爸的固執個性，所以我還是把想說的話先說清楚吧。」

表達方式46

✕

你想怎麼樣，就直說嘛！

○

能成為媽的孩子真好，謝謝媽。

「你想怎麼做，就直說嘛！」這是在討論重大事情的時候，父母卻緊閉雙唇，一聲不吭時可能會出現的表達方式。這種單向的指示或要求，只會留下禍根。就像伊索寓言的〈北風與太陽〉中，被北風呼嘯對待的旅人，反而更加閉口不語。

這時最重要的是**「先溫暖長輩的心」。如果心裡暖洋洋的，嘴角自然變得緩和，容易說出原本說不出口的心聲**。

在這類個案中，絕大多數時候，長輩都會防備著認為「說出想說的話，兒女也許會生氣」。所以，先化解這種誤會吧。

在○的表達方式中說「能成為媽的孩子真好，謝謝媽」。突然來這麼一句，父母也許心裡感到困惑。

但是這裡傳達的卻是溫暖心靈的一句話，會讓父母聽了不勝喜悅。即使很難馬上理解，但是緊閉的心會慢慢化開，也會放下對你的警戒。

愛也可以從孩子向父母傳遞。正因為今生不知道還能與父母相聚多久，所以不妨從表達「感謝」的心意開始做起吧。

表達方式47

✕

你不能什麼都說不要呀！

○

謝謝你告訴我（不要什麼）。

「你不能什麼都說不要呀！」聽起來好像是父母在哄寶寶時說的話。但是年紀大了之後有不少人也會「這個也不要」、「那個也不要」的鬧彆扭「幼稚化」。原因是年紀愈大，控制憤怒情緒的額葉功能會隨之衰退。

「老人家易怒」的說法並不是市井傳說或是挖苦，毫無疑問是「腦功能衰退」所導致的結果。所以，看著父母發怒，傳達「請根據邏輯，陳述自己的意見」的訊息，並不明智。

這種時候，請對長輩說：「謝謝你告訴我（不要什麼）。」因為即使是「不要」的訊息，但畢竟父母說出他的想法，所以先傳達感謝之意也不為過吧。當你表達出你的感謝之意時，老人家也會恢復理智：「咦？謝我什麼？」並且感受到「孩子讓步了」。

重點是，先肯定父母。光是這樣就能讓父母產生接納孩子意見的空間。也許感到多費口舌，但是事先記住**「與父母間對話的順序」**，應該就能順利的解決問題。

表達方式48

✕

你先試試看嘛。
真的不行，到時候再考慮就好了。

○

沒關係！我會陪在你身邊！

「你先試試看嘛。真的不行，到時候再考慮就好了。」父母不願意為了健康出外散步或復健時，子女會說的話。「就算是失敗，有什麼關係嘛。」正向的訊息，感覺很不錯。我自己也經常對父母這麼想。

但是，這句話其實很意外的，父母聽不進去。**因為父母既不想失敗，也感受不到新挑戰的「必要性」**。

隨著日子過去，老年人的眼睛會愈來愈看不清楚，耳朵愈來愈聽不見，腳步也愈來愈跨不出去，一直在體驗著幾乎不可逆的「喪失體驗」。請理解，老化就是一天天喪失的體驗。**一旦衰弱，就不敢想有復原的一天**。

這種時候，請堅定的說：「沒關係！我會陪在你身邊！」不需要任何理由。也許你不太敢開空頭支票，但是有了堅強的靠山，會讓父母覺得「這樣啊，那我試試看好了。」

另外，如果你能事先做好準備，防止父母失敗那就更完美了。

表達方式 49

×

你這麼說，我也不知道該怎麼辦。

○

是哦，你認為要那樣啊？

「你這麼說，我也不知道該怎麼辦。」親子之間「有分歧意見」，問題無法解決時會出現的一句話。

例如，每個月給父母孝親費，不料對方卻要求「錢不夠用，再多給一點」，或是丟個不講理的難題過來時。作兒女的已經「竭盡全力的支援」，儘管如此還要提高要求，真的很想問爸媽「怎麼永遠不滿足啊」。但是，長輩非常堅持自己的想法，很難達成共識。

當父母說出的話，讓你難以回答時，建議你原封不動的奉還回去。○的表達方式中，回答父母：「是哦，你認為要那樣啊？」只要表達理解父母的想法即可。

我們不可能對父母所有的要求都照單全收，不過這並不表示要忽視它，或是隨便應付。所以，只要傳達「你的想法，我確實理解了。」老人家心底也明白自己太任性。心裡明白但是不想承認。當面反駁他只會讓事態惡化，全心全意的接受就行了。

表達方式 50

✕

為什麼要說那麼過分的話！

○

你這句話很傷感耶……

「為什麼要說那麼過分的話！」父母說出「不考慮別人感受的話」時，子女的反駁。例如，長輩隨口丟下一句「反正你覺得我是你的『包袱』吧？」這類話的時候。

老人家會說出「不考慮別人感受的話」，多半是因為心裡滿懷著難以抒發的鬱憤或負面的情緒。自暴自棄的認為「沒有人了解我的感受」，因而不自覺的說出口。

這種時候，試著用平靜的口氣說一聲：「你這句話很傷感耶……」。聽到「傷感」，長輩自然會思考「哪裡傷感了？」

明明抱怨、挖苦的人是自己，但子女的反應既不是「生氣」也不是「沮喪」而是「傷感」。從父母的角度來看，這是個很奇妙的反應。同時，因為感覺奇妙，所以也產生「解開這個謎」的心情。結果就是他的注意力會轉向你的一舉一動。

注意力轉向你之後，他接下來說的話一定不一樣。不要一味的「推」，偶爾退一步，說不定就能成為解決問題的突破口。

5 思考時不要混淆「事實」與「想像」

與父母對話時，不要將「事實」與「想像」混在一起思考。如果不能正確區隔「實際發生的事」（事實）與「並未發生過的事」（想像），就無法妥善的應對。

例如，假設父母說：「我不認識路，真的很傷腦筋。」談到這種話題，也許你會感到擔憂「該不會是認知功能終於出問題了吧？得把他送到養老院才行。」

但是，這裡很重要的一點是，先深呼吸一口氣，確認「實際發生的事」（事實）。只靠片段的資訊，並不能判斷正確的狀況。例如：問他「發生過什麼麻煩事嗎？」、「你說你回不了家，是去了哪裡？」是一種辦法。先確認去的地方是平常常去的超市，還是不熟悉的遠地。

於是，如果長輩說，「我想去鄰縣的朋友家拜訪。可是一時粗心忘了帶手機。所以沒辦法靠地圖找到他家。傷腦筋。」那就表示「認知沒有問題」。

這個個案中，從「不認識路，傷腦筋」的片段事實，排除了「認知有問題」的偏見

（想像）。而且由於問出了正確資訊，而免於焦慮。像這樣將「事實」與「想像」區隔開來，才能適切的照顧長輩。請務必在溝通時善加運用。

○ 聽到父母說「不認識路，很傷腦筋」時

想像：「也許快要得失智症了。」

事實：「我想去鄰縣的朋友家拜訪。可是一時粗心忘了帶手機，所以沒辦法靠地圖找到他家，傷腦筋。」

→自己的偏見有時反而讓狀況惡化，應謹慎小心。

第 6 章

父母自己察覺不到的「傳達失誤」

接下來的比喻有點強烈。各位是否有過經驗，就是很難察覺到自己的體臭或口臭？如果突然被別人指出自己的這種問題，當下一定非常尷尬吧。

其他像是聊天時的聲量和抖腳，吃東西時的咀嚼聲等，自己沒意識到，但令旁人感到不快的場景多不勝數。

遇到長輩有這種情形時，我想你並不會直接指出來。因為很容易可以想像到它會刺傷長輩。

沒錯，當對方沒有意識到問題所在時，任何人都會自然的婉轉表達。總之，重要的是「想辦法讓對方察覺到他沒有意識到的事」。

被人指正與自己察覺上，自尊心的保護方法也不盡相同。何況行為也會自發性的改變。本章中就以「察覺」為關鍵字，思考表達的方法。

咔滋咔滋！
從前她吃相優雅又規矩，
但現在……
好難開口。

表達方式51

✕

你要多吃點飯啊！

○

告訴我平常你都吃多少？

「你要多吃點飯啊！」看到父母食量愈來愈少時，便會擔心的這麼說。當你出現這種擔憂時，第一件事就是要**判斷這種現象「是暫時性的還是隱藏著某種疾患」**。夏天因為中暑而累積疲倦時，食欲會減退，這種現象只是「暫時性的食欲減退」，不用太擔心。

但是，如果食欲欠佳一段時間，向醫師諮詢查明原因就變得很重要了。也許隱藏著嚴重的疾病。是內臟器官狀況有異，還是牙齒咬合不好、精神性問題、失智症正在惡化。從這些可能性中，尋找**「父母體況不正常」的原因吧**。

所以，發現這種狀況時，不妨直接了當的問：「告訴我平常你都吃多少？」

如果父母顧左右而言他：「沒什麼事啦！」你就表示：「我很擔心媽，所以請你告訴我。」然後再仔細的問一次。**徹底掌握事實是健康問題的鐵則，這是保護親愛的父母可以做的事**。

表達方式52

○

沒關係、沒關係，不要急，慢慢來！

×

動作快一點，別給其他人添麻煩。

「動作快一點，別給其他人添麻煩！」老人家在結帳處或ATM慌張失措，走路太慢，妨礙通行等，擔心周圍目光時會說的話。這種時候，其實長輩自己也會在意「周圍的眼光」。而且幾乎所有人都會擔心自己造成他人困擾。

這句話之後，恐怕會說出「打起精神來」之類指示「長輩行動」的訊息。但是，人並沒有那麼單純，不是用「指示、命令」就可以解決問題。就像對孩子說「用功一點」，但事實上孩子的成績未必因此有所提升一樣。

重要的是「說些有助於從本質來解決問題的話」。因此，「沒關係、沒關係，不要急，慢慢來！」這句話，可讓父母產生絕對的安心感。聽了這句話，長輩便能平靜的應對狀況吧。

此外，如果你希望敦促父母按照你的指示行動，建議照顧父母的晚輩先做好「環境預習」。如果是ATM的操作，事前先告知輸入所需要的步驟，或是在離峰的時段前往，讓他練習直到熟悉操作為止。

表達方式53

○

明天要去醫院對嗎？

×

今天不是去醫院的日子嗎？不要忘了看診時間哦！

「今天不是去醫院的日子嗎?不要忘了看診時間哦!」這句話是提醒忘記看診時間,又訂了其他約會的父母時說的話。忘記約定,是老人家常見的狀況,但是總不能放著不管,對吧。

尤其遇到回診或是婚喪喜慶等重要大事的日子,最好在「一天前」提醒比較放心。當天或當下才提醒,會成為「失敗的提醒」,需特別注意。一再發生失敗提醒,會導致老人家失去自我肯定感,成為壓力的原因。雖然可能有點麻煩,仍應留心以「守護者」的身分去面對長輩。

世面上有各種各樣的提醒工具,對老年人而言,最值得推薦的是「填寫空間夠大的掛式月曆」。雖然很老式,但是它既直覺又容易使用,也不容易出錯。

加上平時就會映入眼簾,長輩也能保持高度警覺。請告訴長輩,一旦有什麼新的約會,一定要在月曆上寫下「約會的內容和時間」。另外,你可以用手機拍下月曆,事先掌握老人家的行程,也方便協調。

表達方式 54

×

我拜託你的東西，為什麼沒買回來？多用點腦子好嗎？

○

媽媽，感謝你一直這麼健康，我們把要買的東西寫下來，一起去購物好嗎？

「我拜託你的東西，為什麼沒買回來？多用點腦子好嗎？」指責父母沒有把拜託的商品買回來時會說的話。你每天忙得焦頭爛額，想請長輩順便幫個忙時，我能理解忍不住想說「多用點腦子好嗎？」的心情。

但是，這句話一說出口，只會傷了長輩的心。**很可能忿忿的回道：「那你下次不要拜託我！」這裡我想提醒你「老人家忘記不是故意的」。認知功能隨著年齡增長而退化，「即使想記也記不住」**。希望你能用寬容的心態看待「我的爸媽也到了這種時候」，接納父母的健忘。

所以，你可以表達「媽媽，感謝你一直這麼健康，我們把要買的東西寫下來，一起去購物好嗎？」**見到子女不責怪自己的健忘，反而受到「感謝」，長輩會有什麼樣的心情呢**？他應該同時感到開心和傷感。於是，他的情緒會加倍運作，留在心裡成為正向的記憶。作子女的，請在與父母所剩不多的相處歲月，盡可能讓他們留下幸福的回憶吧。

表達方式55

○

我也常常忘了保存期限，
我們把它拿來用吧！

×

冰箱裡的東西全都超過保存期限了啊。
平時要多注意一點！

「冰箱裡的東西全都超過保存期限了啊。平時要多注意一點！」我也經常忘了保存期限，很多食品沉睡在冰箱最底層，根本忘了買過。母親也一樣健忘，所以就用寬容的心態接受「所有人都會忘記」這件事吧！如果指出問題就能改正的話，大家就不用這麼辛苦。重要的是，應該把前提放在「任何人都會犯錯」。只要站在對方的立場思考，自然而然會說出包容的話，更何況對方如果是高齡的父母，就更應該這麼做。

在這種時候，不妨傳達「不論父母還是孩子都是人」的訊息。舉例來說，像○的句子「我也常常忘了保存期限」等，充滿人情味的話是最好的選擇。聽到用溫柔的心承接失敗的言語，父母也不會因為失敗而沮喪。反倒覺得「原來子女也會失敗」而感到安心。「衰老」也就是「喪失」。父母每天都在經歷著「喪失體驗」，做不到的事日漸增多。正因為如此，更應留意給予溫暖的關懷。它會成為延緩失智症進程、減少憂鬱症發病風險等，延長健康壽命的一大契機。

表達方式 56

○

身體好像有些問題，自己有沒有感覺哪裡不對勁？

×

怎麼體重變輕了？

「怎麼體重變輕了？」父母看起來比以前更清瘦，或是食量比以前少等，擔心他們而說的話。一般來說，評論別人的外貌是禁忌，但是親子間的對話，並不算是失禮。**確認「體重的變化」反而是個絕佳的行為，它不但能盡早發現疾病的可能性，就算是已經生病，也有助於「早期發現」**。

尤其身材纖瘦的老人家，不少人都隱藏著嚴重的疾病。所以，有關「體重的變化」，不需要拐彎抹角，請開門見山的詢問。**含糊的表現不容易掌握正確的狀況**。這些敏感的部分，外人不好開口。**只有血脈相連的親子女才能說出口**。換句話說，這件事只有你能做。

重要的是平時就要漸漸建立好關係，才能在關鍵時刻直接表達想法。

如果可以的話，請向長輩確認他的感覺如何，像是「身體好像有些問題，自己有沒有感覺哪裡不對勁？」就能更精準掌握長輩的身體變化。

表達方式 57

✕

你怎麼每天都穿同一件衣服？

○

你最近好像很喜歡這件衣服哦？穿起來很好看。

「你怎麼每天都穿同一件衣服？」本來愛漂亮的長輩，狀況有點奇怪時會對他們說的話。如果，過去他一向愛漂亮，但現在卻不在意服裝或外貌，突然變得邋遢，或是只穿同一式樣的衣服，便可以視為**「社會性降低」的徵兆**（在學術上稱為「社會衰弱」）。

「社會性降低」，簡單來說就是不在意周圍怎麼看待自己，也不想與周圍溝通交流。光聽這兩項，也許你會覺得「這樣沒關係嗎？」但其實這是**「正常的老化」，沒有必要太擔心**。

因此，不需要特別在言詞上關心，不用像×那樣，刻意指出他每天穿同樣的衣服。如果真想說些什麼，不妨像○的方式「你最近好像很喜歡這件衣服哦？穿起來很好看。」**正向的接納父母的變化**。這種樂觀的態度，有助於抑制「老年憂鬱症」和延緩「失智症」的進程。

表達方式58

×

最近是不是常跌倒？

○

聽說有人跌倒，
住院後被檢查出失智症呢！
趁著現在還不太遲，
先去找醫生診斷一下吧。

擔心父母跌倒次數增加，因而問道：「最近是不是常跌倒？」這是老化加速的徵兆，所以希望在早期進行復健等應對方式。如果不做任何因應，任由其發展的話將會逐漸惡化。

首先要注意的是，年老之後「骨質密度」會降低，一旦跌倒而導致骨折的話，多會形成「住院→手術→約三個月的復健」的模式。這還算好，嚴重的話，甚至可能會「骨折→保守治療（以石膏等固定）→臥床三個月→失智症發作→失智症發展」。所以，**跌倒比想像中還要可怕**。若是到了那種狀態，還是趁早申請醫療機構或照護服務的協助。

在×的表達方式上，像是在責怪長輩的跌倒。即使詢問了，對方也許也會以「還好，沒事」等回應。所以請像○的方式，對長輩說「聽說有人跌倒，住院後被檢查出失智症呢！趁著現在還不太遲，先去找醫生診斷一下吧？」雖然只是一個印象，但是把它**當作「恐怖故事」說給父母聽也不失為一種方法**。沒有人希望得到失智症，所以應該會坦誠接受吧。

表達方式59

✕

電視機太大聲了，好吵哦。
把音量調小一點吧。

○

聽不清楚很吃力吧。
如果有助聽器，就會輕鬆多了。
要不要去檢查一下？
我陪你一起去。

「電視機太大聲了，好吵哦。把音量調小一點吧。」音量太大聲，身邊的人會很不舒服，所以說出這句話也無可厚非。但是，對高齡的父母來說，這樣的音量才適當，所以這樣的提醒不太有意義。這裡希望大家有個認知，不論是誰，到了一定年紀都會出現「重聽」的狀況，只是程度輕重的差異。所以盡可能不要用質問的方式說話。

話雖如此，儘管長輩表示「還好，沒什麼問題」但是觀察他卻發現他察覺不到行車的聲音，有可能遭遇危險。將高齡父母的健康問題「交給本人負責」，等同於置之不理。所以盡量敦促父母去醫院看診，以防演變成重大的事故。

這種時候請對父母說「聽不清楚很吃力吧。如果有助聽器，就會輕鬆多了。要不要去檢查一下？我陪你一起去。」重聽的問題只能靠戴「助聽器」解決，所以敦促父母去醫院為宜。到時候只要表示「我陪你一起去」，長輩去醫院的意願也會增強。即使他們討厭醫院，也會因為你的陪同，而感到放心吧。

表達方式60

×

鼻毛那麼長，不覺得丟臉嗎？
好好整理一下啦。

○

一起照照鏡子好不好？

「鼻毛那麼長，不覺得丟臉嗎？好好整理一下啦。」是提醒長輩儀容不整時會說的話。除了鼻毛以外，扣錯鈕扣、嘴角的飯粒、衣服穿反等，儀容出錯的形式各種各樣。無論如何，他們都不是有意讓周圍感到不舒服。隨著年齡增長，認知功能降低，人會漸漸意識不到外貌儀容的不整。

另外，不再像年輕時那麼重視「儀容」，也是導致這種狀況的一大因素。也就是說「沒有意識＋不重視」兩種因素合在一起，而發生了這種問題。因而提醒他們「好好整理」，並沒有意義。畢竟即使努力像年輕時那樣注意也做不到，而且也已經不想再關注。

建議可以對長者這麼說：「一起照照鏡子好不好？」由於這個提議比較軟性，不會引起不愉快的感受。從父母的角度來說，也許只會單純的覺得「謝謝你告訴我」。「認知功能降低」伴隨的問題，最好避免使用責怪對方的口吻。請以「守護者」的角色來應對。

6 當個「守護者」不要感情用事

與父母溝通時「子女以父母『守護者』的態度面對」，可以說是「最重要」的要件。

親子關係中的守護者，指的是懂得自己處在「照顧高齡父母」立場的自覺，時時觀察對方狀況，努力給予適切對應、溝通的人。

守護者不會對長輩的話過度反應，動不動就情緒化。因為製造口角爭執的火種，只會讓親子關係變得更僵。

例如與長輩在外用餐，他幾乎都沒什麼吃。這種時候最好不要感情用事，指責對方「你要全部吃完才行啊，認真的多吃一點」。因為人隨著身體老化，食量也會減少。不少老人「很想吃但是吃不下」。也許印象中的他「過去食欲旺盛」，但是隨著老化，也會減少到「適當的食量」。另外，也有可能他在家已經吃過點心，所以肚子並不餓。

子女自己有「守護者」的自覺，認識到「高齡的父母已經與從前不一樣了」，應該會注意到這種可能性。當然，如果擔心的話，不妨問問父母「為什麼飯菜沒吃完？」

不管怎麼樣，**稍微拉開距離，觀察父母的狀態，努力於適切的應對、溝通，是「成為守護者」的本質**。請從「如何將父母引導到對的方向」的角度與他們溝通。成為守護者能培養出寬容的心：「父母老了需要照顧，就算比較任性也沒辦法。」這樣會減少溝通上的壓力。一旦擁有接納對方的心胸，與父母相聚時應該會比現在更愉快些。

第 7 章

父母開口「拒絕不了」

「多帶孫子來給我們看看嘛！」、「孝親費能不能多給一點？」等，我經常遇到因為無法拒絕父母提議而來諮商的案子。也可以說，它正是親子關係弄僵的第一步。

每當接到諮商案，覺得「這對親子怎麼會搞得這麼僵……」時，再深談之後發現導火線經常是父母的過度干涉。

有些父母並不理解子女已經獨立，有自己事業和家庭的立場，離不開孩子而過度干涉。遇到這種情形該怎麼辦呢？就結論而言，我很想說只有「毅然面對」一途，然而，畢竟與父母之間是全世界最親密的關係，無法輕慢待之。既然如此，多思考父母為什麼提出這樣的要求，也許是個好主意。

本章將透過「拒絕」來思考，應該如何與無法斷絕關係的父母重新建立關係。

終於接通了！
整天工作工作！多帶孫子來給我看看嘛！
你有認真為孩子著想嗎？
我一看到你就擔心。
媽媽是這樣當的嗎？
拓也的學校決定了嗎？
不用考試嗎？
明年他就升小學了吧。
你太囉嗦了！
不要管這麼多。

表達方式61

父母說

住得離家近一點嘛！

○的回答

住在附近有點難度，但我們會常回來玩！

「住得離家近一點嘛！」孩子不在身邊，父母會感到不安或擔憂吧。如果與長輩相聚的時間已經不多，盡可能順從他們的要求。但是，每個家庭有各自的狀況，而且，自己才是人生的主角，所以應該依自己的心意而活。這麼 來，親子之間就無法取得共識。

這種時候，從「感謝的話」開始表達，是個好方法。舉例來說「謝謝爸媽告訴我（你的想法）」等。首先表達你已確實了解父母的心意。

表達這句話之後，再提出折衷方案：「住在附近有點難度，但我們會常回來玩！」父母的心願是「想和子女多多相聚」。如果用這個折衷方案來滿足他們的需求，應該能得到諒解。任何事只要先表達「感謝之意」，應該都能順利解決。

此外，父母如果住在鄉下，平時很難見面的話，也可以提議「定期通電話」。從電話中的聲音也能察覺到父母狀況的變化，一旦有什麼問題也比較放心。

表達方式 62

父母說

我想念孫子，多跟我們見見面嘛！

〇的回答

工作有點忙。
五月份可以挪出時間，
如果到時候能見面那就太好了。

「我想念孫子，多跟我們見見面嘛！」老人家想見孫子是舉世皆然的道理。然而殷切期盼，卻很難見到子女或孫子，也是世間的常態。

如同這個個案，不太好拒絕老人家提議的時候，請採取**「不用YES／NO回答」**的方式。像〇的回答，「工作有點忙，五月份可以挪出時間，如果到時候能見面就太好了。」這裡不要直接說「不能見面」，向長輩解釋「雖然想帶孩子去玩，但是狀況不允許，去不了。」只要是有「無法回去的狀況」，父母也會認為「既然如此，也沒辦法」而諒解你吧。

與長輩對話中的重點是**「理解父母言語背後的心理」**。像這次的例子，可以推測父母「擔憂的心情」。與子女分居兩地的老人家，感覺到「孤寂」與「喪失感」。為了排除這種心情，才會表現出「想見見孫兒」的期望。如果能多多思考言語背後的情緒，**即使要「拒絕」，也能用體貼對方的言語來表達**。

表達方式63

父母說

我現在靠老人年金生活，
你的孝親費也多給點吧。

○的回答

我以後也是靠老人年金呀。
說不定到時候連年金都領不到了呢。

「我現在靠老人年金生活，你的孝親費也多給點吧。」生活費不夠用，是父母感受到的現狀。許多老年人都靠著年金過日子，但是他們拿到的金額與追求的生活水準有落差。話雖如此，但是應該也有不少晚輩因為被追討孝親費而煩惱不已吧。畢竟身為子女也是每天竭盡全力為了生活打拚。

這種時候，請對父母說些強調「兩代人立場相同」的話。○的表達方式回答：「我以後也是靠老人年金呀。說不定到時候連年金都領不到了呢。」從這個回答，他們自然能理解「孩子也跟我們一樣，為生活資金所苦呢」，應該會按捺住過度的要求。

題外話，有些人請客之後會要求回報。但是，請客是他自己的意願，所以客人只要表示「謝謝招待」，當下「借貸」的立場就消失了。同樣的，父母扶養孩子的過程中，即使散盡錢財，也應解釋為他們「心甘情願」。所以父母金錢上有困難時，不應該漠不關心，但也不必攬下過多責任。

表達方式64

父母說

你一向這麼晚下班嗎？那孩子怎麼辦？

○的回答

謝謝你為我擔心！
託媽媽的福，大家都過得很好。

「你一向這麼晚下班嗎？那孩子怎麼辦？」爸媽擔心子女雙薪家庭，孫兒會受到冷落時會說的話。現在這個時代，夫妻兩人都在上班已經是人之常情，但是站在父母的立場，還是會強烈的希望兒女們以家庭為優先。

也許你想反駁：「我也想和孩子多相處，但是為了生活，我也不能辭掉工作吧！」等話。不過這只會成為吵架的導火線，所以不建議這麼說。

這種時候**乾脆轉開話題**。只要想父母只是想說出心裡話。例如像○的表達方法，回答「謝謝你為我擔心！託媽媽的福，大家都過得很好！」就行了。聽到這種包含「感謝父母」的回答，通常老人家就不會再追問下去。

透過這個例子，我們**可以學習到「不要對長輩的話反應過度」**。與目前中壯一輩的人相比，**高齡父母那一代人似乎有直言不諱的傾向**。如果對他們的每句話都有所反應，恐怕會累死。即使是碎碎念，也不妨用「哎呀，又在說了」的心態應付過去吧。

表達方式65

父母說

反正都是禮物，送什麼給你都沒差吧？

○的回答

謝謝，你的心意我很感謝，不過如果能送「現金」或「需要的東西」我會很開心的。

「反正都是禮物。送什麼給你都沒差吧？」這是我諮詢個案中頻頻會出現的「常見問題」。父母送了禮物，但是幾乎全是「雷包」，總是為了處理它們傷透腦筋。收到的超雷禮物有巨型填充玩具、忽略屋內大小的家具、不合品味的餐具、快要過期的食品等五花八門都有。不管禮物再怎麼昂貴，對收禮的人而言就只是累贅。但是一想到父母的心意，又難以拒絕，真的很困擾。

這類諮詢問題我會建議直接了當的告知「如果送『現金』我們最高興」。例如，「謝謝，你的心意我很感謝。不過如果能送『現金』或『需要的東西』我會很開心的。」聽到這種回應，長輩也許會感到掃興，但是為了達成**「今後不讓他們多餘花費」的目的，這也是必要的溝通過程**。我想此後**「幸福的強迫」應該會大幅減少**才是。

重要的是，**必須與父母建立可以直言「不想要的東西就是不要」的關係**。如果凡事都能開門見山來說，應該可以減少許多不知如何回應的問題。

表達方式66

父母說

菜的味道太重了！不合口味。

○的回答

對不起，下次我會做淡一點，讓你依自己的口味調整。

「菜的味道太重了！不合口味。」我經常遇到老人家來向我諮詢「孩子們做的菜，味道吃不慣（太淡、太重、太硬、份量太少、太油）」。聽到這種話，你可能會想：「我辛辛苦苦做的菜，就只會挑三揀四，真過分」吧。儘管不會說出口，但心裡可能在想：「那你別吃算了！」

但是**大家心目中的「恰到好處」，本來就是人人各不相同**。有人偏好油膩重口味，有人喜歡清淡爽口。因此，建議先把飯菜做得清淡一點，讓老人家可以按自己的口味調節。如果先做成淡味的菜，事後只要再加鹽或醬油調整就行了。

另外，冷暖氣的室溫控制也可以用相同的邏輯來思考。我經營的復健設施中，會出借保溫用的毛毯、頸部保暖器、腿部保暖器、厚襪子給覺得太冷的訪客。因為寒冷的話，可以靠加衣來調節。但是感覺熱的話，衣服再脫也有個限度。**讓長輩自己調整是減少你壓力的捷徑**。

表達方式67

父母說

我現在去你家幫你煮飯。

○的回答

你的心意我很開心，但是七月有機會見面，請再多等些日子好嗎？

「我現在去你家幫你煮飯」。母親百分之百好意說的話，實在很難一口拒絕。這句話中隱藏著「我想見見孩子或孫子」、「想和孩子說說話」的心情。

這種時候，請避免用「房間都沒整理，也許不太方便」等含糊的回答。因為你隨便找了個藉口，老人家很可能反而會說：「那我去幫忙整理房間吧。」

當父母表明這類的意願時，請明確的表達自己的意思。例如「你的心意我很開心，但是七月有機會見面，請再多等一些日子好嗎？」這個回答的重點在於表達「今天見不到面」的事實，同時也提出「折衷案」。如果你只說「無法見面」，父母會感到不安或生氣：「那你說，什麼時候能見面呢？難道是在躲我嗎？」因此，如果你說「七月有機會見面」，老人家便能接受的想：「那我等到那一天好了。」如果想回絕他們臨時的造訪，就以「現在見不到的事實＋提出折衷案」的具體套裝模式來應對吧。

表達方式 68

父母說

乖孫小花什麼時候結婚？

〇的回答

要看她的真命天子何時出現啊！

「乖孫小花什麼時候結婚？」是長輩擔心孫子的未來而說的話。聽到老人家這麼說，你可能會產生「連這種事都要管，也太雞婆了吧？」但是，仔細想一想，**擔心疼愛的孫子女，是祖父祖母的天職不是嗎**。你也不要想太多，把它當成「日常閒聊」之一就行了。

這種個案中，只要半開玩笑的回答：「要看她的真命天子何時出現啊！」就行了。或者是單純的說「謝謝你還考慮到孫子女的事」也可以。不管如何，重要的是不要太認真看待，輕鬆帶過就好。

如果長輩以插手的態度提議「要不要幫她安排相親呢？」你就明白的說：「謝謝，不過她自己正在認真的思考未來，不用擔心。」含糊的回答反而會把問題弄僵。

如果孫子女對相親有興趣的話，可以接受提議。但**如果相反，隨時都得卯足全力回應父母的言論，確實也很累**。所以請放鬆心情對話就行了。

表達方式69

父母說

為了你兒子圭介好，你還是辭職吧？

〇的回答

謝謝你這麼為圭介著想！

你覺得問題是什麼呢？

「為了你兒子圭介好，你還是辭職吧？」聽到長輩說這種話，不少人會認為「為了孩子，為了生活，我也是不得已才工作的呀！」你就是希望孩子生活不虞匱乏，才日以繼夜的努力工作，所以聽到長輩這麼說，當然會生氣。幾乎所有的人，除非有相當的支援，否則都無法輕易的辭去工作。

這段對話看得出「全職主婦為普世價值時代」與「夫妻雙薪為普世價值時代」之間，產生了代溝。

但是，此時不妨停下來想一想。父母話中之意如果是「你應該多陪陪孩子」那就不是個壞建議。因為想把孩子拉拔長大，非辛苦所能形容。

所以，也許可以將接受這個訊息，定位為「好機會」，重新檢視「平日與孩子的應對方法、關心方式」。這些都是朋友或鄰居不會對你說的話，親戚之間也會顧忌的意見。只有極度關心的父母才會表達的想法，所以像○的表達方式探問「你覺得問題是什麼呢？」是不錯的交流。

表達方式 70

父母說

挑選孩子的學校要謹慎一點。
得好好考慮才行。

○的回答

謝謝你這麼用心的為小隆著想！
他好像想去電玩公司上班，
所以他正在找學習程式的專科學校。

「挑選孩子的學校要謹慎一點。得好好考慮才行。」長輩想提醒要謹慎考慮孫兒出路時會說的話。近年來社會走向重視「生存價值」更多於學歷的風潮，但是在父母那一代的育兒觀念，都把「考大學」當作天經地義的出路。依循這樣的背景，對父母來說，「這是極為正當的建議」。

這種時候，你可能會想說：「讓孩子自己選擇就好了！」但是長輩不接受。如前所說，因為他們堅定的信念認為：「大學畢業就是一切。」所以不妨試著表達「已經在認真思考就職走向的事實」。

例如「謝謝你這麼用心的為小隆著想！他好像想去電玩公司上班，所以他正在找學習程式的專科學校。」父母認為大學畢業是「求職的武器」，讓他們理解「也有另一個選項」（專科學校），而那個選項「直通就職」的話，他們應該就能接受。重要的是思考父母意見背後的想法，再與之溝通。這樣才能與父母互相了解。

7

深吸一口氣，把父母的話「語言化」

親子對話最常發生的就是「雞同鴨講」，也就是「想傳達的想法傳不過去」。「我其實是這麼想的，但是他們完全不理解」、「錯誤解讀我想表達的意思」等等。因此不少子女因而感到煩躁不安。

容易產生雞同鴨講的個案有兩種。

第一種是父母隨著情緒恣意發言。憑著一時的念頭或衝動，想說什麼說就說出口，搞得子女經常一頭霧水「不知道他到底想說什麼」。但是在這種狀況下，子女的說話方式和舉動也大多不相上下。於是便走向**最糟糕的結局，也就是彼此「互不理解」**。

這種時候，你不妨站在「守護者」的立場，將父母的想法、思維「正確的語言化」。用「你說的是這件事嗎？」**釐清「父母話中的真正想法、心意」**。在此之後，再傳達你想說的話。

這麼一來，父母感到放心：「對、對，我想說的就是這件事」等，挫折感也隨之煙消雲散。最後，也能適切的應對五花八門的問題。

溝通發生雞同鴨講的另一個個案是父母緘默寡言的狀況，「不擅長敘述自己的想法」、「總是詞窮，說不出我的想法」的父母就屬於這一類。這種個案中，**子女負責發問，引導父母說出想法是一大重點**。「我很重視爸爸，希望你告訴我你怎麼想」等，用帶有感情的話語進行溝通。想必再惜字如金的長輩，也會慢慢說出自己的心聲。因為愛的力量無與倫比。

第 8 章

怕父母傷心而「說不出口」

終於來到最後一章，謝謝各位讀到這裡。一起看過各章與父母的溝通方式後，本章將活用所有的技巧。

我想讀到這裡的你，已經**了解溝通的本質**吧——知道「用這種說法，也許會傷了父母的心」。如果能抱持這樣的觀點，**你應該不會成為大問題的引爆點**。

接下來要看的例子，是由於無法正確傳達意圖，以至維持著模稜兩可的狀態，而無法解決問題的個案。

對方是高齡的父母，你有責任保護父母生命、身體和財產。但是顧慮到父母的心情，傳達想法時需要勇氣。而且也必須解讀父母的想法和背景，觀察反應或態度，**引導父母自願的說出心底話**。

我們就一一檢視這些包含愛心的話語，如何幫助你最親愛的雙親。想必一定能塑造出最美好的親子關係。

以前的爸爸
爸爸背我。
好啊！
哎喲
小心點！你以前不會這樣啊。
某一天。
砰！
急救室
喔咿喔咿—
說起來，爸爸最近經常跌倒呢
如果我多注意一點的話就好了……

表達方式 71

○

你想不想像以前一樣，更自由的到處趴趴走？

✕

要不要用步行輔助車？

當父母難以自立行走，經常絆倒或跌倒時，擔心他們而表達的關懷。步行輔助車是支援行走的輔具。不知各位有沒有看過老人家推著可以收納採購物的車在路上走？那就是「步行輔助車」。

提出這個建議時，經常會被老人家以「別把我當老年人看待」駁回。因為父母感覺「自己還沒老到那種年紀」。話雖如此，絆倒或跌倒最糟的狀態是導致住院、臥床的原因。而臥床又有令「失智症」惡化的風險。所以有必要在需要的時候，準備一台協助行走的工具。

這種時候，不妨提出「讓腦中湧出『躍躍欲試』情緒」的建議。像是「你想不想像以前一樣，更自由的到處趴趴走？」腰腿乏力的老年人都會「希望更輕鬆的動一動」。同時，如果有能實現願望的方法，他們也會想知道。如果你能引導父母回答出「是呀」，就介紹他們步行輔助車吧。他應該會積極的考慮如何利用。

表達方式 72

○

也可以請照顧服務員只幫忙你指定的事喲。
媽媽可不可以告訴我「希望別人幫忙的事」
和「想自己做的事」？

×

請人照護不是什麼丟臉的事哦！

「請人照護不是什麼丟臉的事哦！」當父母腰腿無力，日常生活出現障礙時，便會想提出申請照護的建議。×說的沒錯，**請人照護不是什麼丟臉的事**。舉例來說，八十五歲以上的老人約有六〇%都接受某種程度的照護或支援。話雖如此，**大多數老人堅持「不想給別人添麻煩」**，多會反對，認為「我都還可以自己來」。不太容易說服。

這種時候，**請在表達時盡量尊重父母「能做的事我想自己做」的心情**。像〇的表達方式，在推薦照護之前，先詢問長輩「也可以請照顧服務員只幫忙你指定的事喲。媽媽可不可以告訴我『希望別人幫忙的事』和『想自己做的事』？」經由這樣的詢問，她便能**理解，「自己想做的事還是可以自己做」**。

另外，也要區隔「自己想做的事」與「必須協助的事」，如果能理解「也不是每件事都讓照顧服務員幫忙」，老人家應該也能用正向的想法，考慮使用照護服務。請告訴他**「為了你能做自己想做的事」，照護是必要的協助**。

表達方式 73

×

爸爸最近好像很疲倦的樣子，要不要申請日間照顧服務？

○

「七顛八倒、跌倒絆倒都是天經地義，人之常情啊。」這是相田光男的名言。所以，有困難的時候，可以請別人幫忙。

「爸爸最近好像很疲倦的樣子，要不要申請日間照顧服務？」老人家拿不動吸塵器，光是購物就筋疲力盡等，子女擔心他們日常生活不能過得順遂時，便會想這麼說。父母那一輩人非常厭惡受到別人的照顧，因此，提出日間照顧服務時，他們幾乎都不會點頭同意。多數的時候還會引起小小的爭執。話雖如此，如果在家裡照護有困難，就只能仰賴日間照顧服務了。

這種時候，也許可以利用「打動人心的名言」來傳達你的想法？例如，書法家相田光男留下了「七顛八倒、跌倒絆倒都是天經地義，人之常情啊。」他用了「七顛八倒」，而不是七顛八起（愈挫愈勇），也就是說人生處處顛簸，是一句形容「人生不順者十之八九」的名言。這種說法「充滿人性」，能夠撫慰人心。所以，在這句名言之後試著補充「正因為如此，有困難的時候，可以請別人幫忙。」名言具有令人贊同的「力量」。

表達方式 74

×

體驗一下日間照顧服務嘛。
你自己的生活都照顧不來了。

○

從前只有國王或貴族才能享受服務哦。
平常照護保險費都繳了，
不享受是自己吃虧哦！

「體驗一下日間照顧服務嘛。你自己的生活都照顧不來了。」想建議父母嘗試服務。子女為了怕長輩不聽勸而強調「你自己的生活都照顧不來了」，但真有必要這麼說嗎？

日常生活變得愈來愈困難，想必父母自己一定比任何人都深有體會。但是卻被子女指出這一點，一定會受到相當的打擊吧。我明白長輩不聽勸的確令人心急，但是還是用冷靜一點的口氣勸解比較好。

這種時候，建議你說一個長輩「咦，我沒想到耶！」的小知識。舉例來說「從前只有國王或貴族才能享受服務哦。平常照護保險費都繳了，不享受是自己吃虧哦！」等。這句話的重點在於「身體照護乃是以前國王才有資格享受的特別服務」，而且「不享受就吃虧了」。

許多人在乎「吃虧」更多於「賺到」，所以容易轉變想法為「既然如此，那就試試看好了」。是一種「效果好」的說法，不妨試試。

表達方式75

✕

反正「凡事總要試過才知道」，
要不請照顧服務員來一次看看？

○

別擔心！我會在一旁看著。
對照護服務有什麼不放心的嗎？
原來如此，還有什麼介意的事呢？

「反正『凡事總要試過才知道』，要不要請照顧服務員來一次看看？」並不是不對的表達方式，但是對老年人來說，「凡事總要試過才知道」這種說法沒什麼吸引力。因為，一再經歷視力一天天變差，愈來愈走不動的「喪失體驗」的父母，「發現做不到的事愈來愈多的風險」好像比較高。「新挑戰＝失敗風險高的行動」。更何況讓外人來照顧生活起居，那更是跨越不了的「高牆」。

這種時候，請試著用提問以排除「隱隱的不安」。從來沒接受過照護的父母並不了解「照護服務是什麼」，幾乎都是茫然的以「老人才需要，我不用」而拒於門外。

所以，重點是先旁敲側擊的問出「父母心中真正不安的原因」。例如，「別擔心！我會在一旁看著。對照護服務有什麼不放心的嗎？原來如此，還有什麼介意的事嗎？」循循善誘的了解「父母真正不安的原因」然後只要再提出「解決方案」就沒問題了。只要將不安一一排除，不久後他們應該會給你正向的回答。

表達方式 76

×

年紀這麼大了，
哪有不需要人幫忙的道理？
如果不申請長照服務，萬一出了什麼事，
我會很頭痛呀。

○

先申請長照服務以防萬一吧。
申請一下又不吃虧。

「年紀這麼大了，哪有不需要人幫忙的道理？如果不申請長照服務，萬一出了什麼事，我會很頭痛呀。」遇到長輩斷然拒絕申請長照服務時，就會想這麼跟父母說。你可能住在外地，又或是忙於照顧孩子，因此一定很擔心父母吧。然而老人家卻說「我沒事，不用」、「我還過得去」，連申請照護都堅決排斥。讓子女茫然失措：「那該怎麼辦才好？」

這種時候只要說：「並不是要你馬上就接受照護，而是先申請好以防萬一。」舉例來說，你可以說：「先申請長照服務以防萬一吧。申請一下又不吃虧。」事實上，申請手續並不需要到任何地方，只要一通電話，政府就會派人來家訪。

重點是「申請一下又不吃虧」這一點。只要讓老人家理解「不會造成麻煩＋類似在萬一有事時的保險＝長照服務申請」便很容易產生「那……就去申請看看」的想法。保險讓人心安，當長輩即將需要照護，卻仍然文風不動時，這應該是很有效的經典台詞。

表達方式77

✕

你再這麼堅持，到時候有什麼事我可不管你。隨你便！

〇

聽隔壁太太說，日照中心每天都提供不同的點心和同齡的活動，很好玩呢！

「你再這麼堅持，到時候有什麼事我可不管你。隨你便！」**當長輩看似需要照護，卻堅持說「我沒有問題」等話時，忍不住會想這麼說。**從子女的角度，感覺得到「照護的必要性」，所以也許會覺得好心沒好報。口氣不覺激動起來也是人之常情。

但是，任由情緒爆發，發洩自己的怒氣，並不能解決問題。既然你有決心「要照顧父母」，思考**「該用什麼方法讓他們用正向的想法面對照護服務」的解決方法，才是上策**。

這種時候不妨向他們透露**「讓情緒高昂雀躍的小道消息」**，像是「聽隔壁太太說，日照中心每天都提供不同的點心和同齡的活動，很好玩呢！」這裡的重點是「日照中心＝有世代價值觀相同的同伴，令人活力百倍的地方」，**扭轉為正面的印象**。如果能做到這一點，我想父母會覺得「去看看也是不錯的主意」吧！

重點在於用有點好玩的活動來吸引他們。這時如果再加一句：「我也想去看看。」讓長輩會更加篤定。父母的心態也會漸漸改變，認為試著去體驗一下也不錯。

表達方式 78

○

聽說現在，每兩個人中就有一個會得失智症。如果不先想好因應之策，漸漸連自己是誰都不知道了呢。這不是很恐怖嗎？

×

你再這麼下去，真的會得失智症哦！

「你再這麼下去，真的會得失智症哦！」老人家去附近的超市卻忘了怎麼回家，或是忘了吃飯等，開始出現類似失智症的症狀時，會想發出的提醒。當失智症開始出現，**子女照護有困難時，請尋找相關的支援**。

如果置之不理，有可能發生意想不到的事故，像是忘了關火引起火災等。為了防止小小的失誤而失去心愛親人的遺憾，**請務必以守護者的立場毅然的對應狀況**。

若是父母對照護的抗拒感很強烈時，像◯的表達方式**說一個「令人發毛的可怕故事」也是一種方法**。

如果長輩本身不想接受正式的照護（即處理排泄物，清潔下半身）的話，只能在事態變得難以收拾前謀求預防策略。提醒長輩如果想盡量避免忘了自己是誰、靠人餵飯等狀態的話，就必須提早行動。這種說法對男性長輩特別有效。如果想讓父親等家人理解照護的必要性時，請使用這種表達方式。

表達方式 79

○

你的感受我很能了解！我也一樣，不過，聽說全世界的有錢人都會利用日間照顧服務保持運動習慣耶。

×

現在不是堅持不想讓人照顧的時候。

「現在不是堅持不想讓人照顧的時候」。父母那一輩人的觀念，不論如何，就是「不想被別人照顧」、「不想造成別人的麻煩」。請把它理解為昭和時代的價值觀之一。我母親也經常對我說：「不要給別人添麻煩。」對父母那一輩人而言，可以說是「不可動搖的信念」，所以，不妨尊重這種觀念，從支持長輩信念的立場出發吧。

理想的人生就是在離去那天之前，一直健康活躍，然後壽終正寢。因此勸解父母實現這個目的方法，也許他們會聽得進去。

保持定期復健和使用日間照顧服務等的習慣，讓他們想像自己也像富豪一般維持健康的姿態，應該能打動他們的心。

事實上，定期接受復健型日間照顧服務的老人家，大多有強烈的健康意識，也會積極參與。他們的服裝清潔乾淨，帶著簡單而時髦的氣質。置身於這種環境中，自然而然的能提高自我意識，也能交到朋友。另外，日常的話題都以有益的養生知識為主，提升健康意識，成為良性循環。勸說的方法有很多種，只要能讓長輩想像美好的形象，就非常成功了。

表達方式 80

○

在日照中心可以交到朋友哦。
即使遇到看不順眼的人，
也可以改個日子，或選另一間。
而且看起來很有趣，要不要一起去看看？

×

媽媽自己沒辦法去醫院吧？
所以，你才需要照顧服務員幫助呀！

「媽媽自己沒辦法去醫院吧？所以，你才需要照顧服務員幫助呀！」老人家無法獨立前往醫院時，勸說他使用照護服務時會說的話。我了解你想這麼說的心情，但是這句話會不會還是太嚴厲了？

隨著年紀衰老，連自己獨自出門都做不到，是非常嚴重的喪失經驗。需不需要照護，其實長輩自己最清楚。父母的樣貌就是二十年後、三十年後你的樣貌。一想到這裡，應該任何人都覺得盡量體諒長輩的心情，暖言呵護是最佳的溝通吧。

這種時候，你可以透露「讓心情雀躍的小道消息」。

如○的表達方式，告訴長輩可以配合他的想法或喜好選擇，大多時候父母都會想「那先聽聽看好了。」

事實上，現在的日間照顧服務與以前的印象已經大不相同了。各家機構提供的日間照顧服務也都各有特色。因此，如果能解開長輩的誤解，大多可以進行這個計畫。

這種表達方式對女性的效果比男性更好，不妨在說服母親時使用看看。

8 不論多老也不要忘記我們是「親子」

如同本書一開始所說，世上沒有比「親子關係」更深厚的關係。地球上的數十億人口中，能夠有緣結為親子，機率實在微乎其微。血緣就是這麼的不可思議。

所以，即使與父母之間有過痛苦的回憶，或是難解的心結，只要你想好好「奉養父母到最後」，就必須完全接納父母的存在。接納本身，就是愛的行為。

另外，在與父母溝通時，有件事希望你牢記，那就是「不論活到幾歲，『親子』永遠是『親子』」。

從你還在吃奶，到長大成人，雙親餵養你，疼愛你、保護你、支持你，偶爾叱責你。將一個人扶養成人是一件非常辛苦的事，由於那時候體會到的辛苦、經驗，即使你已長大成人，很多老人家還是很難消除「我得跟在一旁照顧」的執念。而對已經獨立的子女來說，就會感覺「麻煩」、「多事」、「杞人憂天」。

但是，如果意識到「不論經過多久，親子永遠是親子」這個事實，你會怎麼想？可以理解父母的建議都是「因為疼愛而擔心」吧？同時也應該能理解「父母想給予建議是自然的心理狀態」。只要能明瞭這一點，應該就能給予父母多一點寬容心吧。

即便你全心投入工作、組織家庭並養育孩子，但對父母而言，「孩子永遠是孩子」。只要先理解這一點，與父母的溝通會輕鬆很多，也會更加深刻。

讀到這裡，
現在的你想對父母說什麼話呢？

請把你想說的話，和未來想與父母一起做的事寫下來。這裡寫下的字句，就是你獻給父母的「愛的語言」。這裡有四頁的篇幅，父母各兩頁，或是一起向父母說共四頁都沒問題。當然，也可以醞釀一段時間再寫。

敬請自由運用。

例

- 最近，我也許說得太過分了。對不起。
- 下次見面時，試著說「謝謝」吧。雖然有點不好意思。

結語

寫下對父母的想法，覺得如何？

在腦海中自然想到的父母表情，一定是笑臉吧。今後想起父母的時候，請不要忘了「父母的笑容」。

回到正題，謝謝各位看到最後，最後我想用〈序言〉中母親與我的故事後續作為這本書的結語。

先說結論，我與後來住院的母親產生摩擦的最大原因，是「我自己心中『膨脹』的『自我』（ego）」。

與母親吵架之後，我心情沉重的反覆思索：「為什麼會發展成口舌之爭呢？」話雖如此，我當時仍覺得「母親自己沒聽清楚，是她自己不好」。

我是專家，我提出的建議當然正確無誤。如果乖乖接受我的建議，在生病前期就能解決了。我怎麼想都覺得是母親不聽話才出現問題。一直抹不去這種想法。

但是，過了一段時間，內心的鬱悶始終徘徊不去。可能心底的某處也覺得，如果繼續堅持我自己的「道理」，並不能解決問題吧。各種思緒在腦中盤旋時，我突然意識到一個事實。

那就是**對八十八歲的母親而言，我「永遠是『孩子』」**。

不論我年紀多大，對母親而言，我都是個「孩子」。**不論經過多長的歲月，母親心中的「親子關係」永遠不會改變**。領悟了這一點，我終於了解為什麼母親不願聽從我的建議。

這與我是不是復健專家沒有關係，只要母親認為那是「孩子說的戲言」，不論什麼建議，她都當成耳邊風。

忽略「父母永遠是父母、子女永遠是子女」，不論到了多大年紀也不會改變的關係，一味採取「乖乖聽我的話」霸道態度的，其實是我。

於是我才開始思考「怎麼樣才能與高齡父母和睦的對話」。

任何人都無法阻止「變老」。即使表面上生龍活虎，但是不久之後就會出現「限度」。然而，長輩還是會反抗子女說：「以後我來照顧你」這種話。因為並不是他們主動要求你的照顧。

這麼一想時，**我領悟到自己應該減少「自我」的力量。而且成為包容一切的「守護者」**——這才是不改變親子關係，而能繼續保護父母的方法。

哺乳、換尿布、擁抱、保護我們、當我們陽光，辛苦撫養我們長大的母親，以前強大的身影，教導子女的「至親」，在她自己不知不覺當中，從照顧孩子的立場，角色互換，成了被照顧的立場。

我來當隨侍母親身邊的「守護者」吧。

下定決心之後，我對母親的態度產生了變化。不知不覺間，我成為能說出「一直以來謝謝你」的人。

其實，剛開始時，母親覺得很肉麻。她訝異的表情直到現在我還記得很清楚。母親也明顯變得沉默。可能她的腦中打了一個大大的問號：「這孩子怎麼了？到底在想些什麼？」

但是持續一段時間後，**母親漸漸改變了。不管是腰痛的復健，還是生活上的瑣事，**

都願意認真聽我的建議。

我母親在明治時期出生的父母養育下長大，是個真正斯巴達教育的「可怕母親」。不准看漫畫，不准看電視，也不准玩電玩。因此，我也曾經反抗她，向外追求自由。現在可能無法想像，但是當時是絕對不能頂嘴。如此「凶悍」的母親卻產生劇變，我也不禁暗暗吃驚。

肯定是在母親的認知中，我就是〈北風與太陽〉中的「太陽」，所以她的心也跟著漸漸改變。

一直用情緒對抗情緒、力量對抗力量、自我對抗自我，事情就不可能順利完成。不只是親子關係中，「不對抗、不爭執」就不會發生摩擦。

在新冠疫情自主管理期間結束後，我相隔許久回老家省親。看到又添白髮，駝著背脊，瘦了兩圈的母親，在廚房洗碗的身影。那時，我不假思索的說了一句：「媽，你老了呢。」母親聽著，平靜的答道：「對呀，因為你也都這個年紀了。」

我的眼眶不覺湧出兩行淚。而且忍不住抱住了母親。那是感謝的淚水。

不論什麼話語，聽者的接受態度都會因對話雙方的關係而不同。因此，本書介紹的表達方式，請只當成一種參考，明白「原來也可以這麼說」。你想表達的話，應該會依據你與父母的關係以及過往的相處經歷，而有所變化。

還有，**「對話」並不是親子溝通的全部**，這麼說也許與本書的主題「換句話說筆記」相違背。我與母親見面時，其實都只有寥寥數語的交談，經常是在老家的客廳裡，我看書，母親編織，就這樣一起度過時光。**如果不用說話，就能享受彼此都感到舒服的時間，那就不需要語言**。親子就是這樣的關係。

你知道這輩子還有多少時間可以與父母說話呢？

人生是有限的，不論是父母還是自己都將迎來終點。為了避免在不知何時到來的那一刻後悔，你一定也想珍惜與父母相聚的時光吧。

本書若能成為你與父母加深情感的契機，將是我無上的喜悅。

二〇二四年八月

萩原礼紀

也可以反向搜索哦！

附錄

與高齡父母溝通的「對話模式」25選

在附錄中介紹與高齡父母溝通的「對話模式」。

這些模式同時也是前文的重點練習，

請根據你的需求靈活運用。

15—「咦，以前沒聽過欸！」的小道消息

16—一次說個夠發洩壓力

17—爸媽孩子「同樣都是人」

18—誠懇的傳達「我的情感」

19—父母也能認同的「格言、諺語、名言」

20—只能直接了當的追究原因

21—只做五〇％的「部分要求」

22—不要心軟！再三「堅定」的傳達

23—名為「轉換心情」的「魔法」

24—不論長到幾歲「孩子還是孩子」

25—不要直言「YES／NO」的「顧左右而言他」

1　以「守護者的身分」陪伴

當你希望陪伴在高齡父母的身邊、想成為他們的助力、依靠時，就化身為「守護者」吧。守護者是指具有「照顧高齡父母者」的自覺，觀察對方的狀況，盡力適切的對應或溝通的人。

觀察老人家面臨的問題，努力讓問題解決，藉此適當的支持高齡雙親。學會這種態度，就能保護你心愛的父母。

複習這一招！

表達方式10「無論如何你都不接受啊？如果能告訴我原因，我會很高興。」（42頁）

表達方式51「告訴我平常你都吃多少？」（154頁）

2 打開心房的「愛的訊息」

當你希望改善與父母的關係，希望和睦相處，成為他們的靠山時，請主動積極的表達「愛的訊息」。一旦心裡暖洋洋的，父母都會比較容易接受你的建議，並說出：「原來如此，的確是這樣」之類的話。

我們經常會因為太擔心父母，而急於說出「提醒、警告」的話。但是，大多數時候父母本身也有「再這樣下去就糟糕了」的自覺。然而，一旦被子女提醒，他們會感到「真煩人」，而更加抗拒。想說些什麼的時候，先從「表達愛與感謝的話語」開始說起。

複習這一招！

表達方式46 「能成為媽的孩子真好，謝謝媽。」（138頁）

表達方式54 「媽媽，感謝你一直這麼健康，我們把要買的東西寫下來，一起去購物好嗎？」（160頁）

3 承認自己的「問題」而讓步

希望父母說出真實的心聲時，請試著「讓步」吧。

舉例來說，在開會的場合被點名發表看法時，卻吞吞吐吐的，但如果主管說：「如果能分享你的意見，對我會很有幫助。」你會有什麼感覺？我想可能會激起你的熱心腸，覺得「如果能幫到他的話，那就說吧」。

只是稍微改變要求的口氣，如「請告訴我你的想法」，對方會比較容易開口。

複習這一招！

表達方式9

「對不起，你很難開口吧？不過，如果爸爸能告訴我真正的想法，會很有幫助的。」（40頁）

表達方式66

「對不起，下次我會做淡一點，讓你依自己的口味調整。」（190頁）

4 讓腦中「雀躍期待」的話題

有些事希望長輩多注意，但是他們總是不聽勸時，試著丟出一些「有雀躍感的話題」吧。

例如，希望長輩多運動時，對他說：「去走路啦！」他們只會覺得反感。這種時候，如果說：「附近公園的櫻花滿開了耶。」會怎麼樣呢？父母的腦海中浮現櫻花滿開的情景而雀躍起來。然後再約他去散步的話，他應該會提起興致吧。提供會產生「開心、愉悅、雀躍」情緒的情報，讓父母自發性的開始動作。

複習這一招！

表達方式35 「聽說開了一家好吃的義大利餐廳耶！要不要一起去？」（110頁）

表達方式71 「你想不想像以前一樣，更自由的到處趴趴走？」（206頁）

5 「謝謝＋可是」的文句

對父母的好意感覺「多事」或「幫倒忙」時，請用「謝謝＋可是」的文句，傳達自己的想法。藉由這種方式，讓父母有台階下，便願意善意的接受子女的意見。父母想看到你開心的表情，從來不會想讓你難過。所以如果你一開口就說「別再……」他們會很傷心，所以，先誠懇的表示感謝十分重要，「感謝＋希望改善的舉止」是鐵律。

複習這一招！

表達方式6 「謝謝，不過如果你能這樣做的話，那就幫了大忙。」（34頁）

表達方式47 「謝謝你告訴我（不要什麼）。」（140頁）

表達方式65 「謝謝，你的心意我很感謝，不過如果能送『現金』或『需要的東西』我會很開心的。」（188頁）

6

心跳快一拍的「恐怖傳聞故事」

有時候想提醒父母注意，但是他們卻置若罔聞的時候，說些「恐怖傳聞故事」也是一招。利用「會聯想到自己的恐怖傳聞」可以讓他們提高危機感。

例如，一再勸長輩「別再喝酒了！」可能只會招來「少囉嗦！」的反應。但是如果告訴他「電視上說老年人飲酒是高風險族群」就算無法立竿見影，但是也會促使他產生「還是小心點好」的念頭，而改變習慣。

複習這一招！

表達方式21 「你記得那個老菸槍山田先生吧？聽說他癌症末期了。真可怕……」（76頁）

表達方式58 「聽說有人跌倒，住院後被檢查出失智症呢！趁著現在還不太遲，先去找醫生診斷一下吧。」（168頁）

7 先從自己的意見說起

父母聽不進去的話題，但又想確認他們意見時，建議「先從自己的意見說起」。原因是率先說明自己的想法，父母也比較容易傾訴自己的意見。

以延命治療來說，你先表示「如果是我的話，會希望這麼做」，父母聽了也比較容易接話下去吧。所以，當父母不太願意表達想法或意見時，請「先從自己的意見說起」營造父母好開口的氣氛。

複習這一招！

表達方式17 「最近我看了一個討論延命治療的節目。如果是我，我想這麼做。」（62頁）

表達方式19 「我想穿這件衣服踏上旅程。」（66頁）

8 「媽媽，我們一起去醫院吧！」

從事長輩提不起勁的事，如去醫院回診、整理房間等時，不妨用「一起做吧」來鼓勵他。

你也會有不想做的事吧。但是如果有人陪伴的話，心裡會踏實些，而且兩個人一起也比較不會無聊。不要只是一味的催促「快去醫院呀！」而是陪著他一起，讓他認為「孩子主體性的參與」進而促使他轉變行為。

複習這一招！

表達方式26 「這個東西重要嗎？我們一起整理吧，要不然摔倒會很危險呢。」（86頁）

表達方式34 「我陪你一起去醫院吧，我也想聽聽醫生怎麼說。」（108頁）

9

我是你的「啦啦隊長」

不小心說話口氣太尖銳，傷了父母的心時，你不妨對他們說些溫暖的話，當他們的「啦啦隊長」。

說話口氣如果一直太苛刻，父母對孩子的熱忱也會消失殆盡。這麼一來，你便無法傳達你的意見，所以多說些讓父母感受「孩子是我最大的支持者」的話吧。對父母說「我會陪在你身邊，別擔心！」等話時，父母應該會把你當成靠山吧。向父母說些溫言軟語的關懷，就能建立更和睦的關係。

複習這一招！

表達方式31「不只是有困難的時候，隨時都可以聯絡我哦。」（102頁）

表達方式48「沒關係！我會陪在你身邊！」（142頁）

表達方式52「沒關係、沒關係，不要急，慢慢來！」（156頁）

10

「不經意的日常對話」溫暖心靈

父母總是不聽勸的時候，建議用「不經意的日常對話」溫暖心靈之後再切入重點。

任何人都討厭被人提醒糾正，當你工作忙得不可開交，心煩意亂之時，突然有人對你說「你去打掃」你會有什麼感覺？很想大發脾氣也是人之常情。

如果說什麼時候較容易接受提醒，那就是當下氣氛溫和的時候。用不經意的對話充分溫暖父母心情後，再帶入主題，他們將你的話聽進去的機率將會提高。

複習這一招！

表達方式33

「昨天，院子裡有隻貓跑進來耶。」（106頁）

11　在「〇・八秒」內閃避化解

當長輩說的話你無法同意又或拙於回答時，建議你「閃避化解」。「涼子！只會一天到晚工作，有為孩子考慮嗎！」是經常聽到的句型。我明白這已踩到你的地雷，但是，不要意氣用事，「當作耳邊風」閃過問題就好了。

對話時不需要每句話都認真回答。如果正面回答會造成口角的話，就用對待公司裡討厭的主管或三姑六婆的方式敷衍過去吧。

複習這一招！

表達方式45「爸爸跟以前一樣，一點都沒變呢。我服了！」（136頁）

表達方式68「要看她的真命天子何時出現啊！」（194頁）

12 用懷舊讓父母意識到「今非昔比」

當父母鬧脾氣，希望他們適可而止的時候，「講起過去的事，讓他意識到今非昔比」也是一種方法。

父母雖然知道自己年老，但是多數人的意識中還是比實際年經。如果總是硬碰硬的提醒，只會得到「別把我當老人看待！」的回答。讓父母意識到自己與過去的差距，是個好方法。

讓他們注意到「現在與過去的差距」，或許自然的就不再胡鬧了。

複習這一招！

表達方式4 「上次和爸爸一起去森林公園是幾年前的事啊？」（30頁）

表達方式13 「以前我們一家人經常自駕遊呢。」（54頁）

13 絕招！如實奉還

父母說話讓你窮於回答時，建議用「如實奉還」的方式。

舉例來說，你是否經驗過，長輩將過去的觀念或做法強加給你，若回答「早就過時了」又怕傷了父母的心？

這種時候，只要回答「從前確實是這樣的呢」就好了。父母並沒有感覺被否定，照理說也會開始思考「的確，現在這時代不一樣了」。硬碰硬的回答，會衍生不必要的麻煩，所以先冷靜下來。回答時不要參雜自己的意見，就能風平浪靜的度過。

複習這一招！

表達方式5 「從前確實是那樣的呢。」（32頁）

表達方式44 「我有一天也會死，只是早晚的事。」（134頁）

14　由「人生老前輩」提供的「煩惱諮商室」

如果有什麼地方希望父母小心時，以「希望小心＝自己的煩惱」方式，向他們諮詢，也是一種方法。

例如，希望長輩少吃零食時，不妨告知「最近因為壓力，不小心就開始狂吃零食耶。」長輩便可以透過你重新審視自己的生活，而在提醒孩子注意之後，也產生「我也得實踐才行」的自覺。因為父母永遠都希望成為子女的範本。

複習這一招！

表達方式16「我工作時打瞌睡，被主管發現，把我罵了一頓。」（60頁）

表達方式27「我最近胖了耶，怎麼辦呢？要不要陪我一起去散步？」（88頁）

15 「咦，以前沒聽過欸！」的小道消息

雖然有想傳達的訊息，但又不希望破壞父母的心情時，就試著傳達「小道消息」吧。例如希望他們培養運動習慣，可以試著說「聽說長壽人的『肌肉存款』很驚人呢！」父母自然而然會在腦中想像自己的肌肉量。

像這種「非提醒的提醒」對親子間的融洽關係十分必要。其中之一就是告知「父母不知道的小道消息，『肌肉儲蓄非一日造成！』」

複習這一招！

表達方式29 「聽說北歐式健走很棒耶！你聽過嗎？」（92頁）

表達方式74 「從前只有國王或貴族才能享受服務哦。平常照護保險費都繳了，不享受是自己吃虧哦！」（212頁）

16 一次說個夠發洩壓力

當父母難以壓抑負面情緒，一直碎碎念發牢騷、砲火四射等時候，讓他「一次說個夠」也是方法之一。

例如，父母沒完沒了的碎碎念時，一句「不要再說這種話啦！」雖然暫時壓制了父母的情緒，這麼做只會累積壓力。因此遇到這種狀態，可以針對他們的牢騷問：「那後來怎麼樣？」用採訪的方式提問，父母的壓力便能在短時間內發洩出來。

像這樣多多與父母互動的話，孩子的存在會成為他們「心靈的寄託」，精神也會穩定下來吧。

複習這一招！

表達方式41「再任性一點也沒關係哦！」（128頁）

表達方式42「好，我知道了。那就試試看吧。」（130頁）

17
爸媽孩子「同樣都是人」

若有希望父母注意，但又不太說得出口的事時，用「我也有過這種經驗」表現同理心也許是不錯的主意。

舉例來說，「提醒總是忘了吃藥的父母」時，如果你說「我也經常忘了吃藥」會怎麼樣呢？這是一句溫暖的關懷，而不是糾正似的提醒。有的時候，也許父母會反過來提醒你「你怎麼這麼迷糊，要小心點才行啊！」這麼一來正中下懷，你可以自然接話說「那我們一起小心吧。」像這樣表達「父母孩子都是擁有同樣的煩惱的人」，長輩大多會願意傾聽你的意見的。

複習這一招！

表達方式55

「我也常常忘了保存期限，我們把它拿來用吧！」（162頁）

18
誠懇的傳達「我的情感」

父母太過頑固的時候，提起勇氣直接「誠懇傳達自己的感情」也是一種方法。假設長輩說了很負面的話：「你覺得我是你的包袱吧！」不聽你解釋。你若回答：「不要這麼說！」只會得到「小孩子不懂啦！」的回答。

那麼，如果你的回答是：「為什麼要說這麼傷心的話呢？」會有什麼結果呢？父母是最不想傷害孩子的生物。當孩子說出這種話，他們一定會反省。趁這個時機，問出緣由，就能聽到父母的真實心聲了。

複習這一招！

表達方式36「有什麼事都提早通知我，我會很開心。我一定能幫更多忙。」（112頁）

表達方式50「你這句話很傷感耶……」（146頁）

19 父母也能認同的「格言、諺語、名言」

如果有希望父母放棄或維持的事時，運用「格言、諺語、名言」也許能促使他們改變行為。因為這些言論具有「權威性、信賴性」，有「讓人認同的力量」。

當你「想說服擅自決定重要大事的父母」時，一句「怎不商量一下！」幾乎沒有意義，如果換成「三個臭皮匠勝過諸葛亮」怎麼樣？既能在保有他們的威嚴下，自然的說「這樣不是能做出更好的判斷嗎？」運用有信賴感的話，也是不錯的方法。

複習這一招！

表達方式73

「『七顛八倒、跌倒絆倒都是天經地義，人之常情啊。』這是相田光男的名言。所以，有困難的時候，可以請別人幫忙啦。」（210頁）

20 只能直接了當的追究原因

當父母身體變差，健康似乎出現問題時，最明智的方法就是「直接了當的詢問，努力掌握狀況」。尤其是老年人體內隱藏重大疾病的，不在少數。

例如，父母持續失眠時，應該直言不諱的問：「有沒有想到什麼原因？」追查失眠的因素。

遇到健康的問題，請不要繞圈子，要直接詢問掌握狀況，並且盡可能陪同父母接受醫生的診斷。

複習這一招！

表達方式20「希望你告訴我平常就醫的醫院、看哪一科、哪一位醫生。」（68頁）

表達方式56「身體好像有些問題，自己有沒有感覺哪裡不對勁？」（164頁）

21 只做五〇%的「部分要求」

有些事希望長輩放棄，但是一直找不到折衷方法時，用「部分請求」（請他們同意五〇%）試試看吧。有時經由部分要求，對方也會願意讓步。

例如，你想「改善父母的飲食生活，不希望他們老是吃含鹽量高的外食」時，試著說「外食也沒關係，不過，拉麵改成一星期一次怎麼樣？」等。

用「部分要求」，而不是完全阻止外食的方法，將會有助於狀況的改善。

複習這一招！

表達方式23　「夏天和冬天請工人來做好不好？」（80頁）

22 不要心軟！再三「堅定」的傳達

一再提醒長輩，但對方還是習性不改時，建議你「再三堅定的傳達」。因為，父母心中很可能並未完全認知什麼事是「堅決不行」。

像是希望長輩再次了解「搞錯回收垃圾丟棄日期」、「襪子隨地亂扔」等問題時，請不厭其煩的再三強調吧。

此外，當長輩有改善時，請別忘了說聲「謝謝」，表達感謝的心情。開誠布公的說話，保持良好關係，十分重要。

複習這一招！

表達方式24 「我的名字叫涼子！」（82頁）

23 名為「轉換心情」的「魔法」

長輩發脾氣，或是夫妻吵架的時候，建議「轉換心情」。因為心情一轉換，就能化解憤怒的情緒。

例如，老人家鬧彆扭的時候，你對他說：「拜託，你又不是小孩子！」根本沒有意義。這種時候，不妨用「我買了你喜歡的甜點哦」鼓勵他轉換心情，多運用「父母喜愛的事物（食物、音樂等）」幫助他們切換成正向的情緒吧。

複習這一招！

表達方式28 「對了，這首音樂不是爸爸和媽媽的定情曲嗎？」（90頁）

24
不論到幾歲「孩子還是孩子」

我相信你也有這樣的經驗吧，希望長輩在自己去工作的期間，能幫忙一下家務。這種時候，扮演一個「靠不住」的孩子說不定會很順利。

當你希望父母丟自己的垃圾時，只說「自己丟啦」會變成命令句。這時候，你就說：「我已經把報紙整理好拿出來了，你有空再幫我丟。」但是，實際上不用真的整理也沒關係。建立「宣布有做，但其實沒有」的狀態，父母就會覺得「果然沒有我還是不行」。這麼一來，他就會自發性去丟垃圾了。偶爾也扮演一下沒用的孩子吧。

複習這一招！

表達方式32 「傳遞傳閱板和打掃，全部交給我！」（104頁）

25 不要直言「YES／NO」的「顧左右而言他」

想拒絕長輩的「建議、要求」，但是又很難直接說「NO」拒絕時，也有不用「YES／NO」回答的方法。

例如，母親找你陪她去聽老歌演唱會，雖然很高興母親找你陪她，但是實在提不起興趣，而想委婉的拒絕。這種時候，不需要說「我不去」，而可以建議「你要不要找喜歡老歌的朋友？也許會更開心哦。」

不要直言「YES／NO」回答，而是利用「顧左右而言他」，就能不傷父母心情的拒絕了。

複習這一招！

表達方式62 「工作有點忙。五月份可以挪出時間，如果到時候能見面那就太好了。」

（182頁）

珍惜與父母相聚的有限時間

你：「現在我們一起整理吧！」

母：「謝謝你總是幫忙我。」

你：「房間整裡好，很舒服吧！」

母：「是呀，整理好之後來泡茶吧。」

國家圖書館出版品預行編目 (CIP) 資料

高齡父母溝通術：80 個讓長輩主動改變的有效句型，學會不動怒、不吵架、不抓狂，和爸媽好好說話／萩原礼紀著；陳嫺若譯 . -- 初版 . -- 臺北市：遠流出版事業股份有限公司 , 2025.06
面； 公分 . --（大眾心理館 A3380）
譯自：親とうまく話せる言いかえノート：イライラが思いやりに変わる 80 のレッスン
ISBN 978-626-418-177-8（平裝）
1.CST: 溝通技巧 2.CST: 老人 3.CST: 親子關係
177.1 114004920

大眾心理館 A3380

高齡父母溝通術

80 個讓長輩主動改變的有效句型，學會不動怒、不吵架、不抓狂，和爸媽好好說話

親とうまく話せる言いかえノート

イライラが思いやりに変わる 80 のレッスン

作者 萩原礼紀
譯者 陳嫺若

責任編輯 李佳姍
特約編輯 林怡君

出版四部
總編輯・總監 王秀婷
主編 洪淑暖、李佳姍

發行人 王榮文
出版發行 遠流出版事業股份有限公司
地址 104005 台北市中山北路一段 11 號 13 樓
客服電話 (02) 25710297 傳真：(02) 25710197
劃撥帳號 0189456-1
缺頁或破損的書，請寄回更換

ISBN 978-626-418-177-8
2025 年 6 月 1 日初版一刷
定價 新台幣 480 元

封面設計 初雨設計
內頁排版 李秀菊

YLib.com 遠流博識網
http://www.ylib.com
客服信箱 ylib@ylib.com
FB 遠流粉絲團

延伸閱讀

遠流五十
五感全開

50+也能精彩出發！

勇敢出發吧！ 行く！
退休後我去日本留學LONG STAY

加起來130歲的白髮夫妻，攜手勇闖日本，完成年輕時的留學夢！

作者｜呂志興
規格｜彩色·平裝128頁·定價380元
ISBN｜978-626-418-050-4

FB社團「台灣老人留學日本」版主呂志興，記錄下180天Long Stay留學生活，從申請學校、語言學習、生活適應，到自駕旅行、文化體驗，生動分享熟齡勇敢圓夢的精彩故事。

郵輪環球·周遊記

退休後不只能跟團觀光，您的夢想可以更遠大！

作者｜周祝瑛
規格｜彩色·平裝·定價480元
ISBN｜978-626-418-099-3

周祝瑛教授帶著72歲慢性病丈夫勇敢啟航，歷時120天、航行26國39港，沿著大航海時代路線，展開南半球爲主的壯麗環球之旅。一路有歡笑、有挑戰。